KB191058

2030, 영혼의 연대기

왜 그들은 윤석열을 선택했나

배수찬 지음

통나무

목차

들어가는 글

제1부: 배경

제2부: 속살

제3부: 반성

들어가는 글

아버지: 윤석열은 정당한 이유 없이 비상계엄을 일으
키고 국민들에게 총을 겨눴잖아. 이제 온라인 커
뮤니티에서 윤석열도 조롱의 대상이 되겠지?

아들: 아닐걸요.

아버지: 왜?

아들: 윤석열은 애초에 착한 척을 한 적이 없으니까요.
조롱은 착한 척하던 인간이 안 착한 짓 하는걸 들
켰을 때 당하는 거라구요.

들어가는 글
2022년 3월 9일의 의미

혼탁한 정치, 혼탁한 사회

일베와 메갈리아로 표출된 젠더갈등, 조국 사태, 박원순 사건, 20대 남자(이대남)의 정치세력화, 2030 세대의 보수(?)화, 이준석 현상, 윤석열 당선, 계엄령 선포와 내란 사태로 이어지는 2024년 12월까지의 한국의 젠더, 정치이슈 변화는 정말 '**어질어질하다.**' 뉴스는 쏟아지고, 모두가 유튜브와 "자기에게 덜 불쾌한" 언론사를 동료로 삼아 각자만의 뉴스를 소비한다. 현상과 논평은 넘치는데 객관적 분석은 부족하다. "객관적 분석"이 있다고 한들 아무도 읽지 않고 듣지 않을 기세다. 사건들의 인과관계를 제대로 아는 사람은 아무도 없고, 새로운 사건들은 기존의 사건을 분석할 틈도 없이 쏟아져 왔다. 이런 분석이 사회적 책무인 학자들은 대개 침묵하거나 당황하기만 했다. 학자들을 먹여살리는 제도상의 공간인 대학은 (비유적인 의미, 실제적인 의미 모두에서) 망해가고 있다. 12월 3일의 계엄포고령에서 대학은 휴교령조차 내려지지 않았다.

정치에 관심을 끊고 일상의 소확행(작고 확실한 행복)만을 생각하려 해도 평화는 보장되지 않는다. 서울과 수도권에서 생활의 터전은 곳곳이 지뢰밭이다. 출근하려고 지하철만 타면 노인과 청년, 남성과 여성의 첨예한 긴장이 피부로 느껴진다. 다들 짜증과 화를 참고 있다. 폭발할 것 같은 불씨를 하나씩 가슴에 안고, 그 불씨에 불이 붙지 않도록 하려고 전전긍긍이다. 스마트폰을 든 남성은 젊은 여성이 앉은 자리 앞에 서 있기를 꺼린다. 불필요한 오해를 받으면 나락갈 수 있어서다. 지하철역과 공공기관에는 불법촬영 경고 포스터, 딥페이크 방지 안내요령 등이 붙어 있다. "당신의 신체를 보호하라!"는 경고이자 훈계다. 노인들이 많은 어느 지하철역 남자화장실 소변기 너머에는 "칸막이 넘어 다른 사람 물건을 훔쳐보지 말라"는 스티커까지 붙어 있다.

정치가 혼탁하니 사회가 혼탁하고, 혼탁한 사회에서 사람들은 기가 죽는다. 보수화된 언론은 이 혼탁에 막대한 책임이 있다. 오늘날의 한국 언론은 오염된 언어의 독가스를 살포하는 분무장치가 된 지 오래다. 문재인 정권 하에서 언론은 보스의 이익을 위해, 젊은 기자들의 화풀이를 위해 정부여당을 조롱하고 짓밟았다. 나중에는 국가기관인 검찰도 여기에 합세했다. 언론은 '살권수'(살아있는 권력 수사)라는 말을 주문처럼 지어내 권법 이름인 양 찬양해댔다. 한동훈한테 '조선제일검'이라고 아첨했다. 민주당은 보수세력, 젊은 기자들, 검찰의 협공을 당해 3:1로 당하는 게임 속의 악당 캐릭터처럼 무너져갔다. 한쪽 진영에서 대통령 문재인의 별명은 '문재앙'이었다. 증오의 심리적 강도는 나치독일의 유대인 혐오 못지 않았다.

윤석열 당선과 그민찍 주술

그러다가 검찰의 오야붕 윤석열은 대통령까지 되었다. 당선자 시절 온라인 커뮤니티에서 그의 별명은 '윤카(윤석열 각하)'였다. 그런데 이 별명은 수명이 짧았다. 바이든 – 날리면 사태, 이태원 압사사건, 채해병 순직사건 등 어이없는 사건들이 일어나면서 그의 별명은 전염병을 뜻하는 '윤두창'으로 바뀌었고, 그대로 굳어졌다. '윤종말'도 잠깐 쓰였다. 문재인이 재앙(문재앙)이었다면, 윤석열은 대한민국의 종말(윤종말)이라는 뜻이다. 2022년 3월 대한민국의 집단적 선택은 실제로 한국인에게 종말을 재촉하는 선택이었다. 그런데 이상하지 않은가? 왜 청년들은 거의 빛의 속도로 당선 직후 지지를 철회한 후보를 대통령으로 뽑아주었을까?

청년들은 이 질문에 대한 대답을 미리 3글자로 만들어놨다: '그민찍?' 이게 무슨 뜻인지 모른다면 당신은 정치적 구세대 인증이다. 청년들은 바보가 아니다. 선거운동 때부터 윤석열의 밑바닥을 알고 있었다. 태도만 봐도 모를 수가 없었다. TV토론 때 손바닥에 王자를 새기고 나온 짓, 기차 탑승시 앞좌석에 구두를 신은 채로 다리를 뻗는 짓, 유세 일정 펑크내기, 터무니없는 이준석 몰아내기 시도 …… 그의 대통령 자질을 의심할 이유는 차고 넘쳤다. 2002년 대선의 청년 세대가 노무현을 지지하던 뜨거운 애정에 기반한 감성은 윤석열을 선택한 청년들에게 없었다. 다수의 청년들이 윤석열을 포기하려고 진지하게 고민했다. 그때마다 그들의 귀에 들려온 마법의 주문이 **그민찍**이었다: "그래서 민주당 찍겠다고?"

'그민찍'은 강경파가 쓰는 주술의 언어다. 잘 보시라. 민주당을 혐오하는 사람들이 모여 밀도가 높은 세력으로 응집한다. 그 세력이 민주당을 잘 패주는 윤석열이라는 최신무기를 이용하기로 마음먹는다. 그런데 그 무기가 보면 볼수록 영 미심쩍다. 민주당을 잘 패긴 하는데 고장이 잦고, 무기를 사용하는 사람들조차 다치게 할 것임이 점점 명확해진다. 동요가 일어난다. 누군가가 안전을 위해 이 무기를 버리자고 진지하게 의견을 개진한다. 그때 강경파가 이렇게 쏘아붙인다. "뭐? 그래서 민주당 좋은 일 시키려고?" 윤석열도 깜이 아니지만, 일단 민주당부터 쓰러뜨리고 보자는 말이다. 청년들은 그만큼 민주당을 미워하고 있었다.
윤석열을 지지 또는 선택했던 청년 남성들의 생각은 대략 이렇게 요약된다:

"윤석열 확실히 문제있고 비호감. 근데 민좆당과 이재명은 더 극혐. 우린 정치적으로 냉철함. 맹목적 지지 그딴거 모름. 윤석열은 현재의 전략적 선택임. 글구 우리에겐 당대표 이준석이 있다. 이준석은 윤석열을 컨트롤해서 청년층의 니즈를 관철해낼 것(실제로 2024년 총선에서도 윤에게 팽당한 이준석은 이런 논리를 폈다. 2022년 윤석열을 당선시킨 데

대한 정치적 책임을 피하기 위한 유일한 논리이기도 하다). 국민의힘 구세대 썩은거 잘암. 근데 썩기는 민주당도 마찬가지. **최소한 국민의힘은 착한척, 안썩은척은 안함. 민주당은 위선(조국)과 내로남불(박원순) 오짐.** 결정적으로 국민의힘은 페미짓은 안한다. 이래도 민좆당 지지하면 뇌가 없는거임"

2021년 청년층에서 국민의힘에 대한 거부감이 옅어졌다는 증거들이 튀어나왔다: 오세훈 서울시장 재보선 당선(4월), 이준석의 국민의힘 당대표 당선(6월)이었다. 이후 대선 국면에서 이준석은 청년층을 캐스팅보트로 쥐고 세대포위론을 외쳐댔다. 문재인은 알아서 무너져가고 청년까지 가세하니 승리의 여신은 국민의힘에 미소를 짓는 듯했다. 2030 중심의 대형 인터넷 커뮤니티 펨코(에펨코리아. 온라인 게임 풋볼 매니저를 기반으로 한 커뮤니티)는 2021~2022년 대선국면에서 이준석을 열광적으로 지지하면서 국민의힘의 지지기반으로 변했다.

청년 온라인 커뮤니티, 윤석열 탄생의 기원

청년층이 지지(또는 선택)했던 윤석열은 대통령이 되었고, 정권을 세웠다. 그러나 그 정권은 "누구도 경험해 보지 못한" 희한한 독재정권이었다. 청년층의 니즈 따위는 명함을 내밀기는커녕 바늘 하나 꽂을 자리도 없었다. 정통 보수세력(재벌. 언론), 검찰세력, 무속세력의 3대 축으로 이루어진 이 탐욕과 광기의 정권은, 지분의 분배가 원만하게 이루어지지 않았다. 그래서 2년반 내내 끊임

없이 삐걱거렸다. 2024년 겨울의 "빛의 혁명"으로 이 정권은 일
단 무너졌다. 그러나 그것은 구체제의 파괴에 불과하다. 2025년
이후의 한국정치는 여전히 1987년 이래 최악의 불안정성과 불
확실성에 직면한 채 좌초해 있다.

만약에 2022년의 선택으로 한국이 진짜로 망했다면, 2022년
대선에서 청년층이 캐스팅보트를 쥐었다는 사실은 대한민국 역
사의 가장 불행한 카이로스(결정적 기회)로 기록됐을 것이다. 다행
히 한국은 망하지 않았고, 사회 곳곳이 병든 채로나마 아직까지
는 굴러가고 있다. 청년들을 원망하는 것은 자유다. 그러나 그들
에게 모든 책임을 떠넘겨선 안된다. 그건 비겁하고 부당하다. 어떤
사건을 안다는 것은 근본원인을 안다는 것. 그렇다면 우리 모두
는 윤석열이 당선된 2022년 3월 9일에 일어난 일에 대해 안다
고 말할 수 없다. 헤르만 헤세의 〈데미안〉 첫머리는 대뜸 이렇게
시작한다.

> "내 이야기를 하기 위해서는 훨씬 이전의 시절에서부터 시
> 작하지 않으면 안 된다. 가능하기만 하다면 한층 더 옛날로,
> 내 유년 시절의 초기까지, 그리고 그것을 넘어 내 근원의 아
> 득한 곳까지 거슬러 올라가지 않으면 안 될 것이다."

2022년 3월 9일에 벌어진 일을 진짜로 알고 싶은가? 최소한
단군할아버지까지 거슬러 올라갈 각오를 하라! 물론 진짜로 그

럴 수는 없으니까, 많이 양보해서 25년 정도 이전까지, 가정용 초고속 인터넷 서비스가 개시된 1998년 무렵까지만 거슬러 올라가 보자. 동시에 그 인터넷 인프라가 새롭게 창출한 이 사회의 하수도(!)로 과감히 내려가 보자. 오늘날 청년들의 영혼은 그들이 대낮에 보여주는 얼굴에 드러나지 않는다. MZ 청년들은 발육이 좋고, 이미 멋진데도 더 멋져 보이려고 노력하고, 좋은 의미에서든 나쁜 의미에서든 꾸밀 줄 안다. 그들은 뽀얗고, 길고, 날씬하고, 화사하려 한다. 그들의 각각의 얼굴은 점점 비슷해져서, 아이돌 혹은 걸그룹 멤버들의 모습에 수렴한다.

청년들의 영혼을 일부나마 엿보려면, 한밤중에 그들이 뛰노는 인터넷 커뮤니티에 들어가 보아야 한다. 그들이 배출하는 언어를 직접 느껴봐야 한다. 이준석 현상의 산실인 펨코를 알아야 한다. 펨코를 알려면 일베(일간베스트)를, 일베를 알려면 디시(디시인사이드)를 알아야 한다. 디시 – 일베 – 펨코로 이어지는 음지의 인디넷 남초(남성초과) 커뮤니티에서 여혐이 성장했고, (그에 대한 미러링을 표방한 반발로) 메갈리아 – 워마드 등의 여초(여성초과) 커뮤니티가 탄생했다는 것을 알아야 한다. 그리고 거기서 남혐이 성장했다는 것을 알아야 한다. (현재 메갈리아와 워마드는 폐쇄)

인터넷 커뮤니티, 정치적 하수도의 탄생

진보 또는 (주로 반대파에 의해) 좌파라 불리는 민주당계 정치세력에 대한 온라인상의 공격과 조롱은 역사가 길지는 않지만, 대신 아주 깊은 심연을 가지고 있다. 역사가 짧아도 깊을 수 있는 것이 온라인 음지의 생리다. 조롱은 2003년 노무현 대통령의 취임(이 것은 먹잇감되기의 시작이었다) 이후부터 본격화됐다. 서민적이고 구수한 외모를 지닌 노무현은 김대중과 같은 카리스마가 없었다. 게다가 노무현은 권위주의 타파를 내걸며 스스로 갑옷을 벗어던 졌다. 사람들은 그를 놀리거나 모욕해도 뒷탈이 없을 거라는 걸 동물적으로 감지했다. 중간 포식자인 하이에나들의 먹잇감으로 서는 최고였다.

노무현 정부는 2003년 첫해부터 탄핵소동도 겪었고, 2004년 이후 국회 과반의석을 가지고도 개혁에 실패하면서 무능의 낙인 이 찍혔다. 1999년 조그만 디지털 카메라 온라인 동호회로 시작 했던 디시인사이드(디시)는 이 무렵 거대한 온라인 커뮤니티로 성장했다. 디시는 대통령과 민주당을 조롱하는 언어들로 도배되기 시작했다. 노무현식 정치에 답답함을 느낀 젊은이들은 허약한 권력자를 짓밟는 재미로 스트레스를 풀었다. 노무현 대통령에 대한 조롱은 온라인의 유행이 되었다. 유행은 오프라인으로까지 번졌다. 2008년 정권이 이명박에게 넘어갔다.

이명박 정권(2008.3~2013.2) 때 온라인 커뮤니티는 수직 성장 했다. 그 이름도 찬란한 일간베스트(일베)는 디시의 베스트 게시 물을 모아놓는 사이트로 2010년에 탄생했다(2011년 디시에서 독립). 2009년 검찰수사 도중에 발생한 노무현의 자살 사건은 온라인 커뮤니티의 역사에서도 중대한 전환점이 되었다. 전직 대통령이

(보기에 따라 다르겠지만 비교적) 소액의 뇌물사건에 연루됐다는 혐의로 유서를 남기고 스스로 벼랑에서 떨어져 죽는 선택을 했다는 것도 충격이었다. 그러나 곧 더 큰 충격이 찾아와 처음의 충격을 쓸어버렸다. 한번 약해 보이면 영원히 약해 보이는 법. 노무현이 죽은 방식이 온라인에서 조롱의 대상이 되기 시작했다. '운지'니 '두부외상'이니 하는 역겨운 언어들이 이때 탄생했다. 5월 광주항쟁 당시 태극기에 감싸인 희생자들의 관을 '홍어택배'라고 조롱하는 자들의 언어다.

타겟이 된 사람이 죽을 때까지, 심지어 죽은 후까지 조롱하는 섬뜩한 온라인 문화(이것을 문화라고 해야 하나!)는 이제 문을 활짝 열어 젖혔다. 판도라의 상자가 열렸고, 아무도 이것을 걷잡을 수 없게 되었다. 초고속 인터넷망의 편리함 뒤에 태어난 저주스런 사생아였다. 혐오의 언어는 상대를 바꿔 가면서 무한반복, 무한증식할 메커니즘을 탑재했다. 점잖은 사람들은 혀를 차고 이맛살이나 좀 찌푸릴 뿐, 그냥 외면하고 방치했다. 상수도와 하수도가 분리되면서 도시의 외관은 깨끗해지지만, 하수도의 존재는 망각된다. 하수도는 악취와 전염병으로 존재증명과 보복을 자행한다. 저질 인터넷 커뮤니티도 똑같은 원리로 작동한다. 음지의 인터넷 커뮤니티라는 **인류 정신사의 하수도**가 완공되었다.

디시와 일베, 보수정권에 내려온 동아줄

노무현 사망 이후 이명박 정권의 불통과 부패, 4대강 사업으로 대표되는 노골적 재벌 비호정책은 오히려 노골화되었다. 국민들

다수는 이명박 정권과 보수여당(당시 한나라당)의 문제를 피부로 느끼기 시작했다. 비록 일시적이었지만 안철수 현상도 그때 있었다. 구린데가 많은 이명박은 똥줄이 탔다. 보수정권을 연장하려고 무슨 짓이든 했다. 그때 하늘에서 이명박에게 동아줄이 내려왔다. 이명박 - 원세훈 국정원은 인터넷 음지에서 진보정권과 노무현에 대한 조롱의 분위기가 만연한 것에 주목했다. 모르긴 해도 좋아 죽으려고 했을 것이다.

당시 디시와 일베에서는 전직 대통령의 투신자살이라는 (고도의 문명국가에서 상상조차 불쾌한) 이 기이한 사건에 대한 모욕의 수위를 충격적으로 높여가고 있었다. 고인드립(고인모독)이 일상화되었고, 10~20대 상당수 남성 유저들의 정치적 무의식이 여기서 형성됐다. 이명박은 원세훈 국정원을 시켜 합성사진을 만들고 댓글공작을 하면서 이러한 움직임을 부추겼다. 그러면서 대북 심리전이라고 했다. 이러한 행태의 전모가 밝혀진 것은 아니지만, 2013년 이후 사법부에 의해 일부나마 유죄확정 판결이 나면서 사실로 인정되었다.

21세기의 시작과 함께 (압도적인 그래픽과 거대한 스케일로 게임 역사의 신기원을 이룩한) 스타크래프트를 즐기며 청소년기를 보낸 세대(1980년대 후반~1990년대 초반생, M세대의 일부)가 성년으로 유입되기 시작했다. 이들은 노무현으로 대표되는 '진보좌파' 정치인 혐오를 온라인의 놀이문화로 직접 즐겼거나, 최소한 그러한 놀이문화에 익숙한 최초의 세대다. 인터넷 음지의 진보좌파 혐오 놀이의 열기는 식을 줄을 몰랐다. 오프라인 대통령이 누구든 상관없었다.

정권교체는 딴세상 이야기였다. 하수도는 점점 수질이 악화되면서 언제든지 상수도를 위협할 독성을 높여가고 있었다.

Z세대의 등장과 촛불혁명, 나이브했던 낙관주의

2010년대 중반부터는 아이폰 또는 안드로이드 기반 스마트폰과 함께 어린시절을 보낸 세대가 온라인 문화의 주역이 되었다. 대략 1990년대 후반생부터다(Z세대라고도 함). 이제는 낮에나 밤에나, 안에서나 밖에서나, 앉아서나 누워서나 인터넷 접속이 가능하게 되었다. 밤새 자는 척하고 이불 속에서 몰래 인터넷을 하는 것도 가능해졌다. 온라인 저질문화는 이제 성장을 넘어 폭발의 단계에 진입했다. 스마트폰이라는 마법의 기기는 이제 **길거리에서 친구를 기다리면서도 디시나 일베놀이가 가능한 물적 조건을** 만들어주었다. 스마트폰 혁명은 인류를 젊은 세대부터 온라인의 노예로 만들어가는 거대한 혁명이었다. 스마트폰은 모든 시공간의 지배사가 되려고 한다. 디시를 하든, 수식을 보든, 게임을 하든, 유튜브를 보든, 카톡을 하든, 왓츠앱을 하든 언제 어디서나 스마트폰이 있어야 한다. 디시의 갤러리에는 평균 1초(1시간이 아니다!)에 다섯 개씩 글이 올라온다. 나는 그래서 2010년대 이후를 **스마트폰 강점기**라고 부른다.

그러던 2016년 최순실 게이트가 터지고 촛불혁명이 타올랐다. 처음엔 정말 대단했다. 그런데 이 위대한 사건이 사실은 찻잔 속의 태풍에 불과했다. 촛불혁명 이후에도 오프라인 사회는 별로 나아

지지 않았고, 온라인 음지는 더욱 나쁘게 변해 갔다. 민주당계를 포함한 진보진영은 온라인 하수도가 빛의 속도로 저질화되는 모습을 과소평가했다. 댓글공작과 여론조작 범죄도 온라인 음지의 문제 자체보다는 이명박 정권의 비행이라는 점만 강조했다. 그저 정치공세의 변종이거나 소수의 악의적 장난 정도로 여겼다. 그러나 온라인 음지에서 좌파혐오와 진보세력 조롱을 에너지로 삼는 콘텐츠들은 촛불혁명 이후에도 꾸준히 생산, 소비되었다. (오프라인에서도 징후가 있었다. 2017년 대선에서 투표권이 있는 20대 남성들은 "어벙해 보이고 발음이 자꾸 새는" 더불어민주당 문재인 후보보다, "냉철하고 합리적인" 바른정당 유승민 후보를 선호하는 경향을 보여주었다. 그러나 이들의 목소리는 아직 문재인 혐오를 드러내지는 않았고, 정권교체라는 거대한 목표에 가려 외면받았다)

촛불혁명 이전과 이후의 공통지평: 진보의 사각지대

촛불혁명이란 무엇인가? 2014년의 세월호 여객선 침몰사건, 2016년의 국정농단 사건 등 도저히 외면할 수 없는 박근혜 정권의 실정이 원인이 되어, 민중의 자발적 궐기와 사법 시스템의 작동으로 박근혜가 대통령직에서 파면되고 민주당으로 정권교체가 일어난 사건이다. 그런데 그 혁명의 기쁨이 진보진영의 사람들에게 낙관주의 뽕을 맞혔다. 결과는 짧은 희망과 길고 깊은 좌절이었다. 아무리 다이내믹 코리아라지만, 2017년 5월과 2022년 5월의 심연은 누가 봐도 너무나 심대하지 않은가. 우리는 그 사이의 5년간 일어난 사태의 본질에 대해 모르고 있다. 이제라도 알려고 노력해야 하지 않을까? 후대의 심층 역사가는 촛불혁명 이전과 이후의 공통지평에 더 주목할지 모른다. 촛불혁명 이후 사람들은 "이제는 정의와 평화가 강처럼 흐르는 새로운 시대"를 기대했다. 그 꿈이 산산조각나는 데는 2년 반으로 충분했다. 2019년 8월 윤석열이 검찰총장이 되고 법무장관 조국을 쳤다. 이후 보수언론이 모시는 보스는 2024년 말까지 사실상 윤석열이었다.

문재인의 책임이 가장 컸다. 하지만 좌절의 심연에는 문재인 할아버지가 와도 어쩔 수 없는 더 큰 문제가 도사리고 있었다. 우파 정체성을 지닌 사람들이 말하는 문재인 정부 실패의 키워드는 '무능'과 '부패'였다. 진보정권의 고질적 허약함(검찰개혁, 언론개혁 실패), 위선(조국을 감싸는 내로남불), 무능(부동산 정책실패)과 부패(LH사태)는 모두 공격당하기 좋은 부분들이다. 그러나 공격의 정도가 너무 심했다. 심했다는 말도 모자랄 광란이었다. 조국의 현재 행적을 조국이 과거에 한 말로 비판하기 위해, 펨코 유저들은 조국의 과거 페이스북을 탈탈 털었다. 그런 말들이 팔만대장경만큼 분량이 많다고 '조만대장경'이라며 낄낄거렸다.

아무리 살펴봐도 조국은 그냥 잘생기고, 머리 좋고, 나서서 말하기 좋아하고, 공명심은 있지만 탐욕스러워 보이고 싶지는 않은, MZ들이 보기에 **위선적인 부잣집 자제**다. 서울대 교수 하다가 진보의 브레인이 되어보고 싶어서 2012년 문재인 대선후보을 지지

했고, 그 덕에 분수에 맞지 않는 감투를 쓰다가 탈이 난 사람이었다. 약간의 언행불일치와 이맛살을 찌푸리게 하는 아빠찬스가 있었던 것은 팩트다. 하지만 몇 년이고 부부가 번갈아 징역을 살 정도의 중죄를 저지른 사람은 아니었다. 전공이 형법인지라 검찰개혁을 하겠다고 나섰다가 윤석열 검찰과 김건희에게 찍혀서 보복당한 것이다.

지금과 같은 정치적 난세가 아니라, 그래도 여야간에 협상도 하고 타협도 하던 김영삼-김대중 정부 시절이었다면 이렇게 큰 말썽이 일어날 일이 아니었다. 조국은 적당히 사퇴하고, 알아서 대학에 복직해 조용히 살다가 잊혀졌을 일이다. 그러나 조국은 사퇴한 뒤에도 잊혀지지 않았다. 부부 모두 감옥에 갔다. 조국은 파렴치한 연쇄살인마보다 더 많이 보도되었다. 디시-일베-펨코는 각각 수위는 달랐지만 조국과 그 가족의 조롱에 열을 올렸다. 보수언론과 유튜브는 조국 이슈를 사골뼈 우리듯 고아먹었다. 진보언론도 별다를 것 없었다. 조국이 재미가 없어지면 타겟은 박원순과 이재명으로 넘어갔다.

2022년 대선을 앞두고 유권자층의 인식관심을 노골적으로 조종하고, 백성을 선동하려 드는 **정치공작의 최종 마계**가 그 어느 때보다 극악하게 펼쳐졌다. 조국은 파렴치한 위선적 좌파, 이재명은 조폭과 연루된 부패한 자치단체장으로 낙인찍혔다. 보수언론, 유튜브, 인터넷 커뮤니티에서 그들을 조롱하는 컨텐츠들이 독버섯처럼 자라나 바퀴벌레처럼 증식했다. 단군이래 최강의 속도감이었다. 손에 스마트폰을 든 2030 청년들과 70대 영감들이 안티 문재인, 안티 민주당을 내세워 하나의 세력으로 결집하는 기괴한 풍경이 펼쳐졌다. (이준석을 두고 청년들과 영감들 사이에서 벌어진 자잘한 실랑이는 큰 그림에 아무 영향을 주지 않는다) 2022년 대통령 선거는 Z세대 즉 이대남과 이대녀가 의미있는 쪽수로 유권자층에 편입된 최초의 대선이었다. 그들은 스마트폰으로 초단위 뉴스를 소비하는 최초의 세대다. 이들 중 정치적으로 민감한 남성층 상당수가 안티 민주당이 되면서 윤석열에게 기회가 왔다.

문재인과 단군이래 최고 눈높이의 유권자층

문재인 정권은 (윤석열 때문이 아니라) 역대급으로 까탈스러운 세력으로 진화한 젊은 (남성) 유권자들의 불만을 간과한 업보로 정권연장에 실패했다. 이들의 상당수(전부는 아님)는 디시-일베-펨코로 이어지는 온라인 커뮤니티 유저들과 겹친다. 5060세대는 문재인과 마찬가지로 이 문제의 심각성을 제대로 파악하지 못했다. 2017년 2월 16일 대선후보 문재인은 성평등 공약을 발표하며 "페미니스트 대통령이 되겠다"고 선언했다. 이것은 **의도하지 않은 실언**(!)이었다. 이 발언으로 문재인은 자기도 모르는 사이에 수많은 청년 남성들의 적이 되었다. 문재인은 지금이라도 이 사실을 알까?

문재인이 대통령이 되자 페미니스트들은 자신만만해졌다. 미투가 터졌고, 성평등 사업 명목 예산, 성인지 감수성 예산이 증가했다. 남성들은 여성들과 의심받을 만한 신체접촉 자체를 피하는 것이 상책이라는 자기검열과 체념적 태도를 내면화하기 시작했다. 문재인의 페미니스트 발언은 두고두고 젊은 남성들에게 소환되면서 문재인 정부의 심리적 지지기반을 갉아먹었다. 2030 남성 일부는 문재인 집권기를 '**페미강점기**'라고 부른다. 그런데 아이러니하게도 페미니스트들이 옹호한 미투사건은 민주당계 거물급 자치단체장(안희정, 오거돈, 박원순)들을 잇달아 쓰러뜨렸다. 민주당 내 페미니스트 의원들은 스텝이 꼬였다. 박원순 성폭력 피해자에 관해 석연치 않은 구석을 입밖에 내기만 하면 피해자에 대한 2차 가해라는 맹공격이 쏟아졌다. 박원순은 비참하고 불쾌한 기억을 남기며 영원히 사라졌다.

대통령 문재인의 실책은 여기서 그치지 않았다. 그는 2017년 9월 11일 국민신문고에 올라온 여성징병제 청원을 "재미있는 이슈"라고 규정해 청년 남성들의 분노를 자극했다. 2019년 1월 10일 신년 기자회견에서는 20대 남성의 국정지지도 하락 문제를 질의한 뉴스1 남성기자에게 "젠더 갈등이 있다는 것은 잘 알지만, 그것이 **특별한 것**이라곤 생각하지 않는다. 사회가 바뀌는 과정에서 생기는 갈등들"이라고 대답했다. 듣기에 따라 무난한 발언으로 들릴 수도 있었지만, 정치적으로 민감한 남성 유권자들은 "뭐 이정도 페미니즘 가지고 그러냐"는 말로 알아들었다. 그들은 문재인이 남성들의 요구에는 1도 관심이 없다고 생각하게 되었고, 기대를 완전히 접었다. 정치인 문재인은 단군이래 가장 까다롭고 민감한 유권자층을 상대해야 했지만, 그런 사실을 까맣게 모르고 있었다. 문재인은 운도 없었고 눈치도 없었다.

2010년대의 젠더갈등은 과거의 기준으로 보면 특별하지 않을지 모르지만, 이 시대의 기준으로는 '특별한' 것이다. 통탄스러운 일이지만, 문재인의 판단은 틀렸다. 은퇴를 앞둔 세대들이 미래 세대가 정한 기준에 대해 무슨 토를 달겠는가. 다수의 2030 남성들은 노무현은 조롱하고 넘기지만, 문재인은 혐오한다. 스스로를 진보라고 생각하는 친민주당 5060 세대들은 여전히 이런 2030 남성들의 반응을 받아들이지 못한다. "잘 알지만 특별한 것이라고 생각하지 않는다." 이러한 몰이해는 2030 남성들의 불만을 더욱 가중시킨다. 악순환이다.

"영리하게 발언하지 않으면 남자애들이 토라질 수 있으니 말조심하자"는 경고를 하려는 게 아니다. 이건 대한민국의 미래인 청년의 영혼에 관한 문제다. 파우스트의 영혼이 하느님에게 가느냐메피스토펠레스에게 가느냐보다 더 중대한 문제다. 오늘날 청년세대는 단군이래 가장 많이 교육받았고, 대한민국이 가장 경제적으로 풍요로운 시절에 자라났다. 개인은 못살아도 나라는 잘산다는 정체성을 가진 이들이다. 단군이래 가장 욕심많고, 다채로운 소망을 지녔고, 취향이 까다로운 세대다. 자신들의 목소리와 요구가 충족되지 못하는 개차반 같은 현실의 순간순간에 민감하고, 자신들의 요구가 무시당한다고 느끼면 즉각적이고 강렬하게 반응한다. 인터넷 용어로 '**발작버튼**'이라고 한다. 대통령 문재인은 이 사실을 인식하지 못한 채 5년 내내 끌려다녔다. 그리고 이준석이라는 교활하고 영리한 대중선동가에 농락당하며 윤석열이라는 괴물에게 정권을 내줬다.

억지로 긍정적인 면을 찾아보면, 문재인은 선량한 구시대의 인물이다. 자기 젊었던 시절 여성들이 당하던 기억에 대한 양심의 가책을 느끼는 평범한 PC주의자(정치적 올바름을 신봉하는 이들을 일컫는 말, 흔히 좌파로 낙인찍혀 보수우파에게 공격당함)다. 페미니즘에 편승하면 표가 된다는 계산도 했을 게다. 여성계의 지지에 도취해 남성들도 눈물(그것도 분노의 눈물!)을 흘릴 수 있다는 사실을 간과했다. 이것은 문재인을 비롯한 기성세대 모두의 뼈아픈 실책이었다. 문재인이 아직도 페미니스트 선언과 윤석열 당선의 관계를 파악하지 못하고 있는 일개 촌로村老일 수도 있다고 생각하면, **슬프다 못해 섬뜩해진다.**

2030 남성들의 항변과 페미니즘 혐오정서

오늘날 2030 남성들은 거의 대부분 페미니즘에 대해 부정적이다. 페미니즘이 "남성들을 역차별하는 불공정하고 나쁜 사상"이라는 생각은 특히 온라인에서 조직적으로 확산되었다. 페미니즘은 "무능하고 불만만 많은 좌파세력"의 레퍼토리라고 믿어진다. 그들에게 좌파=페미니즘은 혐오의 대상이다. 그래서 공격적으로 비난하고 박멸하려고 한다. 그들이 자주 쓰는 '페미나치' 라는 말은 미국에서 왔지만 우리에게도 충분히 섬뜩하게 느껴진다. 젊은이들에게 왜 그렇게 페미니즘을 싫어하냐고 물으면 이런 대답이 돌아온다: "우리는 살아오면서 남성으로서 여성에게 부당한 대우나 갑질을 해본 적이 없어요. 오히려 또래 여자애들에게 공부든 취업이든 베이스만 깔아줬어요." 페미니즘을 설득하려고 하면, "조상과 선배들이 여자들에게 부당하게 대했으면 그들이 알아서 사과하든 말든 할 일이지, 왜 우리더러 양보를 강요하고 피해를 뒤집어쓰라고 하냐"며 반발한다.

이들의 목소리는 절박하다. 5060에게 농담처럼 들리는 여성 징병제는, 상당수의 2030 남성들에게 양성평등을 위한 진지한 대안으로 간주된다. 여성가족부 폐지 공약에 젊은 남성들은 열광했다. 그들은 성추행이라는 혐의 씌우기가 (권력자가 아닌 보통의) 남성에 대해 치명적인 공격수단(심지어 사살을 유발하는 원인)이 될 수 있음을 보면서 성장했다. 젊고 싱싱한 그들의 육체는 성욕으로 몸부림치는데, 주위는 그것의 낌새라도 표출하면 범죄라고 외칠 준비를 하고 있는 적대적 시선으로 가득차 있다. 미투운동은 모든 남성이 잠재적 성범죄자 취급을 당하는 초긴장 세계를 창출했다. 여성들이 늦은 밤 골목길에서 성범죄의 표적이 될 수 있다는 공포에 떨고 있다면, 남성들은 "**시선강간을 당했다**"고 주장하는 여성의 고발만으로 나락에 떨어질 수 있다는 두려움 속에서 산다. 전국민이 모두 가벼운 피해망상증을 앓고 있다.

한국남자 vs 한국여자: 벌레와 고발자

2030 남성들에게 한국여성(한녀)의 이미지는 참담하다. 여성들은 사나운 경쟁자, 잔인한 고발자, 게으름뱅이의 이미지로 고착되고 있다. 반대도 마찬가지다. 일부 여성들은 2030을 포함한 모든 한국남성(한남)들을 **벌레**(한남충, 한남유충)에 비유했다. 아빠를 **'애비충'**이라고 하는 패드립도 보였다. '벌레'는 섬뜩한 비유다. 히틀러가 유대인을 벌레라고 한 이유는 박멸하기 위해서였다. 유덴프라이Judenfrei(유대인 없는 세상)! 벌레와 세스코는 공존할 수 없다.

남성들은 뚱뚱한 여자들을 조롱하고, 못생긴 여자들을 혐오하고, 예쁜 여자들을 무서워한다. 여성들은 돈없는 남자, 키가 작고 피규어가 나쁜 남자, 늙은 남자를 혐오한다. 남녀의 사랑은 승자에게만 허용되는 사치가 된다. 결혼은 경제적으로 성공하거나 금수저를 물고 태어나지 않으면 주어지지 않는 비현실 세계의 일이 된다. 자녀는 누구에게나 주어지는 신의 복된 선물이 아니라, 어떤 개인이 경제적으로 성공했음을 증명하는 트로피가 된다. 이런 끔찍한 이야기는 내가 지어낸 게 아니라, 실제 청년들의 말이다.

온라인 남성 유저들의 페미니즘 혐오(일베)는 여성혐오를 낳았고, 이런 여성혐오에 대해 일부 온라인 여성 유저들은 남성혐오로 맞대응했다(메갈리아, 워마드). 2015년을 전후하여 이런 흐름은 온라인의 음지를 넘어서 온라인의 양지, 심지어 오프라인에서도 감지할 수 있을 정도로 뚜렷해졌다. 여성시대 대란(2015.5.), 강남역 살인사건(2016.5.), 홍대 남성 누드모델 몰카사건(2018.5.), 여성 가해자의 1심 유죄판결과 혜화역 시위(2018.8.~12.)……. 과거에는 잡담거리나 되었을 일들이 온라인에서 증폭의 메커니즘을 거쳐 사회적 이슈로 변해버리는 시대. 이런 시대에 개별 이슈만을 쫓아다니면 근본질문을 놓치게 된다. 이 시대에 혐오가 성장하는 데는 이유가 있지 않을까? 다수의 젊은 남성들이 페미니즘에 대해 이성적 반대를 넘어 감정적 증오를 표출하게 되는 근원적 이유가 있지 않을까?

경제적 선진국 진입의 저주: 불평등과 비교질

정답은 뚜렷하고 쉽다. 극단을 향해 치닫는 한국사회의 경제적 불평등이다. 2015년을 전후해 한국경제의 계량화된 풍요는 안성적 고점지대에 도달했다(2016년 1인당 GDP 3만달러 도달. 이후 계속 3만달러 대 유지). 문재인 정부 후반기인 2020년 한국은 1인당 국민총소득이 이탈리아를 추월했고, 선진국에 진입했다고 공인받았다(블룸버그 통신). 당시 문재인은 검찰권력과 보수언론에게 이중으로 공격당하면서 정권의 기반이 흔들리고 있었지만, 이 뉴스에는 기분이 좋았을 것이다. 정권을 재창출할 수 있겠다는 희망도 가져보았을 것이다.

그러나 이 선진국 진입이라는 현상이 과연 한국사회에 축복이었을까? No! 왜 아닌가? 경제적 부가 정신의 풍요를 보장하지 않아서? 그런 낡아빠진 소리를 하려는 게 아니다. 우리 이야기의 맥락에서 생각해 보자. 결론부터 말해, "선진국 진입 담론"은 (연애와 결혼을 주도해야 할, 혹은 주도할 것을 강요받는, 아니면 최소한 그렇다고 강박을 갖는) 2030 남성들의 박탈감에 불을 질렀다. 1인당 GDP가 3만 달러이면, 4인가족의 연간소득이 12만 달러가 된다. 환율을 1300원으로만 잡아도 1억 5천만원이 넘는 금액이다. 주위를 둘러보라. 이혼하지 않고 맞벌이하면서 두 자녀를 둔 평범한 부부가 이정도 연봉을 받는 집이 수두룩한가? 역시 No! 사람들은 이제 (높으신 분들이 부과한) 기준에 맞추기 위해 혈안이 된다. 코인, 미국주식, 경매, 영끌, 경제적 자유에 미친다. 가만 있는 사람을 '벼락거지'라고 조롱한다. 미쳐도 단단히 미쳤다. 그 결과는 **가짜 인스타, 카푸어, 얼죽신**(얼어 죽어도 신축아파트) **사랑, 리플리 증후군, 초등의 대반, 7세고시** 같은 것들이다.

대부분의 민중 개돼지들(!)이 이렇게 아득바득 살고 있다면, 한국의 국부는 도대체 어디에 쌓여 있는가? 소득 상위 10~20%의 자산으로 쌓여 있다. 여기에 속한 남성들만이 연애도 하고 결혼도 할 자격(?)을 얻는다(알파메일). 나머지 80~90%의 패배자들(키 작고, 소득 낮고, 못생기고, 인기없는 남자들. 베타메일)에게는 성욕을 결혼으로 실현시킬 기회가 애초에 제공되지 않는다. 베타메일들이 징징대면 5060들이 야단을 친다: "이놈들아, 나때는 3천만원짜리 전세방에서 신혼생활을 시작했어!" 그러나 이건 꼰대가 저지르는 언어폭력에 불과하다. 1인당 GDP 3만달러 시대에 3천만원짜리 전세방에 신혼살림을 차리라는 말은, 주위에 "우리 거지부부"라고 인증하며 살라는 요구일 뿐이다.

경제적 불평등이 문재인 정부 때만 있었던 건 아니다. 하지만 그때 가장 첨예해진 것은 사실이다(비트코인 열풍, 코로나 인플레, 부동산 폭등, 영끌사태, 전세사기). 가난한 2030 청년들의 다수가 2022년 대선 투표장에서 윤석열을 선택했다. '지지'한 사람도 있었겠지만, 마지못해, 아니면 문재인이 미워서 '선택'했다. 영앤리치들에겐 해당 없는 말이겠지만, 경제적 박탈감을 자신의 실력이나 부모의 재력으로 해소할 가망이 없는 이들은 윤석열 투표를 통해 개인적 복수를 했다. 공감할 수는 없지만, "이해불가능하지 않은" 선택이었다.

"86세대와 민주당, 정의를 독점하려는 위선자들"

진보를 지향하는 다수의 민주당 지지자들은 "윤석열과 국민의힘 보수세력은 문재인이나 민주당 주류보다 부를 더 독점했고, 더 부패했다"고 항변할지 모른다. 그러나 젊은 세대들은 이런 항변을 (게임기의 발사버튼을 빠르게 반복적으로 눌러 상대를 제압하듯이) 다음 몇마디로 가볍게 일축한다.

[민좆당 좌파ㅅㄲ들 존나 역겨운건] 지들만 선하다 올바르다 하면서 가르칠려 드는 거임. 재섭고 내로남불 지림 ㅅㅂ

2030 남성들이 생각하는 기득권층은 국민의힘으로 대표되는 수구세력만이 아니다. 86세대(80년대 학번, 60년대생) 역시 수구우파 못지않은 기득권이다. 86세대들은 억울하다고 생각할지 모르지만, 역사의 가차없는 법칙은 그렇게 작동한다. 게다가 86세대는 전통적 수구세력과 달리 "착한 척"까지 했고, 그래서 "더욱 역겹다." 온라인 하수도에서 2030 청년들은 운동권 86세대를 "꿘충(운동권 벌레), 좆팔육, 똥팔육"이라고 멸칭한다. 이제 2010년대 초기의 조롱문화는 어느덧 혐오와 짙은 증오로 숙성되었다.

이러한 온라인 환경의 급변, 청년들의 민감하고 복합적인 세대 특성을 제대로 알고 있는 기성세대는 거의 없다. 2025년 2월 현재 국민의힘에도 없고 민주당에도 없다. 이준석 일당은 국민의힘을 떠났고, **민주당은 여전히 페미니즘 세력이 상당한 지분을 차지하고 있다.** 나는 1974년에 태어난 4050 남성이고, 여전히 조심스럽게 민주당을 선택할 것이다. 이렇게 민주주의가 취약한 나라에서 국민의힘을 선택할 수는 없고, 폭력혁명을 지지할 수는 더더욱 없고, 정치개혁이 당장 불가능하다면 남은 카드는 허약하지만 민주당을 체질 개선해서 재활용하는 길밖에는 없다. 단 체질개선은 옵션이 아니라 절대적 필수다. 안 그러면 또다시 다음 세대의 이대남들에게, 이준석 일당에게, 제2의 윤석열에게 2022년처럼 똑같이 당할 것이다.

"부모보다 가난한 최초의 세대"라는 허구

오늘날 청년들의 영혼이 처한 상황은 대단히 특별하다. 단군이래 이런 희한한 시대가 없었기 때문이다. 그들은 부모 세대와 선배들이 이룬 경제적 풍요를 보았고 그 일부를 함께 누렸으나, 소유하지는 못했다. 단군이래 부모보다 가난한 최초의 세대라고 느낀다. 그러나 그들은 단군이래 가장 영양상태가 좋고, 평균 신장이 가장 커진 세대이기도 하다. 그들의 목소리는 당당하다. 자신들은 부당하게 가난해졌다고 억울해한다. 때로는 선배들에게 과도한 공격 성향을 드러내기도 한다. 이들을 단기간에 설득하기는 불가능하다. 천천히 공통의 지평을 찾고, 공통의 역사를 체험하게 하는 수밖에 없다.

시대를 조망하는 눈은 차분하게 역사를 공부하는 데서 나온다. 그러나 당장의 현실이 불만인 청년들에게 차분하게 역사공부를 권할 순 없다. 청년 남성들에게 역사관이 없다고 말하는 것도 잘못이다. 그들은 나름의 역사를 탑재해 놓았다. 간다효 유튜브를 보고, 커뮤니티에 정리된 하이에크, 피터슨 등의 보수주의 이론을 받아들인다. 그들의 신은 자본주의 미국의 역사와 나스닥이다. 반면 5060의 상당수는 반미 성향의 학생운동과 곰팡내나는 책들에서 역사를 익혔다. 청년들의 역사관도 잘 모르고, 온라인 커뮤니티의 하수도 냄새도 전혀 모른다. 이렇게 두 세대는 서로를 알지 못한 채 적대시하고 있다.

윤석열 당선의 충격이 일깨운 세대론의 가치

난 윤석열이 탄핵을 당한 2024년에 50살이 되었다. 그래서 내가 4050인지 5060인지 헷갈린다. 2030은 나와 접점이 가장 적었고, 성인들 가운데 나와 가장 정서적으로 교류가 적은 세대였다. 그들은 내 선배들과 친구들의 자녀들이고, 내 조카들이고, 유학시절 나의 젊은 동료들이었고, 한때 나에게 교육서비스를 받은 학생들이었다. 그들 하나하나의 얼굴은 떠오르는데, 그들과 깊이 있게 이야기해 본 기억이 별로 없다. 그들은 내 자식의 선생이 될 것이다.

나는 2022년 3월 9일 그 젊은 세대들이 주역이 되어 윤석열이라는 괴물을 뽑았다는 소식을 먼 이국에서 접했다. 독일 유학 중이었다. 선거 전부터 소문은 흉흉했지만 믿지 않았다. 그런데 진짜로 선거 결과를 접하고 보니 분노가 치밀었다. 1주일 내내 공부는 한 자도 하지 못했다. 낮잠을 잤고, 잠에서 깨면 펨코만 보았다. 청년들은 아주 좋아하고 있었다. "쌌다", "지렸다", "캬 이게 섹스다~~" 하면서 원초적 복수의 충족에 환희하고 있었다. 이것은 정치도 아니고, 정정당당한 승부도 아니고, 그냥 **인류라는 퇴행한 생물종의 K-저질싸움**이었다.

나중에 청년들의 행동이 윤석열 지지가 아닌 전략적 선택이라는 설명을 들었지만 여전히 납득되지 않았다. 성난 혹은 궁지에 몰린 온라인 게임 세대의 복수였다는 데 생각이 미치자 그제야 조금씩 이해되기 시작했다. 여전히 정서적으로는 수용하기 어렵지만, 나는 그들의 영혼의 상태를 천천히 알아가고 있다. AI혁명과 코로나 인플레이션, K-POP의 현란한 퍼포먼스, 세계 7대 경제강국이라는 화려한 경제발전의 허상 뒤에 숨은 진짜 그들의 마음, 진짜 그들의 영혼의 상태에 다가가야 한다. 물론 내 말은 아직 불완전하다. 기성세대 쪽에서 젊은이들에게 던지는 가설의 다발일 뿐이다.

2010년 이전까지만 해도 20~40대는 진보, 50대 이상은 보수라는 통념이 있었다. 86세대와 내가 속한 70년대생들은 대학시절에 "노년층이 퇴장하면 세상은 진보 중심으로 재편될 것"이라는 막연한 기대를 갖기도 했다. 그러나 세상은 그렇게 간단치 않았다. 2010년대부터 86세대가 50대에 진입하기 시작했고, 문재인 정부에서 그들이 정권의 핵심에 자리를 차지했다. 그들은 이제 후배나 뒷세대들로부터 기득권 집단으로 간주되고 있다. 오늘날 한국사회 세대간 정치갈등의 가장 첨예한 축은 **86세대**와 1990년대 후반 이후에 태어난 **Z세대**가 구성하고 있다. Z세대의 남성들이 오늘날 86세대에 대한 적대감을 가장 강력하게 뿜뿜하고 있다. 그 사이에 내가 속한 X세대(1970년대 초반 이후 출생)와 밀레니얼 세대(1980년대 이후 출생)가 있다.

온실가스와 베타들의 분노로 가득찬 지구촌
2020년 이후 86세대가 드디어 60대에 진입하기 시작하면서,

이제는 50대는커녕 60대도 전부 보수라고 보기 어려운 시대가 되었다. 아니, 이제 '보수'니 '진보'니 하는 말은 의미가 증발해 버린 기호, 상대를 공격할 때 쓰는 부정적 지칭(꼴통보수, 진보좌파)에 가까워져 버렸다. 하지만 이 모든 논란은 또다른 찻잔 속 태풍일지 모른다. 바깥 세계는 급변하고 있다. 지구는 점점 뜨거워지고, 여름만 되면 다들 덥다고 난리다. 사방이 전쟁통이고, 이러다 인류가 살아남을 수 있을까 하는 불안이 다들 영혼 깊은 곳에 감춰져 있다. 자신만만한 척 해봤자 소용없다. 다른 한편으로, 미래 먹을거리인 AI와 화성탐사, 양자컴퓨터에 투자해야 한다는 소리가 소음공해처럼 귀를 때린다.

하지만, 세계의 지속가능성에 대한 이러한 고민은 지금 한국이 통과하고 있는 정치의 연옥불과 무관한 것이 아니다. 불평등과 편향된 풍요, 풍요에 도달하지 못한 베타들의 분노가 윤석열이라는 괴물을 출연시킨 것이니까 말이다. 인류 역사상 그 어느 때보다도 풍요로워진 것처럼 보이는 사회, **풍요를 20% 미만의 알파들이 독점 향유하는 사회,** 그런 사회는 경제적 민주주의와 맞지 않는다. 윤석열을 지지한 모든 청년들이 그 20%의 알파집단에 속하지는 않았을 것이다. 그렇지만 그 청년들은 (좌파라고 공격받는) 경제적 민주주의보다는 (자기에게 불리할지도 모르는) 능력주의를 선택했다.

경제적 민주주의에도 문제가 있고, 배타적 능력주의에도 문제가 있다. 젊은이들이 능력주의의 한계와 폐해를 모르고 추종한다면, 그걸 가르치는 것은 선배와 부모들의 의무다. 그걸 안 가르쳐서 이 꼴이 난 것이다. "가르친다고 애들이 배우냐", "가르치려고 하면 꼰대 소리 듣는다" 같은 소리는 다 핑계다. **꼰대 느낌 안나게 가르치는 것도 기술이다.** 문재인 정권 시절에 2030 청년들이 경제적 민주주의를 "내로남불 집단의 위선적 슬로건"으로 낙인찍는 것을 그냥 넘놓고 바라보았던 86세대와 우리 세대는 정말 처절하게 반성해야 한다. 그들은 2030 세대에 대해 (심지어 그들의 부모임에도) 정말 몰라도 너무 모른다.

착한 펨코에서 청년들의 영혼을 엿보다

남자애들은 성격이 거칠어도 오픈된 면이 있다. 나는 젊은 남성들의 정치여론을 알아보려고 에펨코리아(펨코)의 정치 게시판에 가끔씩 들어가본다. 펨코는 회원가입두 로그인도 필요없다. 누구나 들어와서 구경하고 가면, 왔다 간줄도 모른다. 이유가 있다. 에펨 즉 FM은 풋볼 매니저라는 온라인 게임의 약자다. 전설적인 중독성을 자랑하며, 영국정부에서 마약 다음으로 위험한 중독물로 분류했다고 한다. 즉 에펨코리아는 축구와 게임을 기반으로 한 청년 남성중심의 온라인 커뮤니티다. 그냥 편안한 놀이와 잡담공간인 것이다. 펨코 유저들은 스스로 합리적 보수를 자처한다. 디시와 일베의 저급한 고인모독과 패륜에 가까운 혐오 언어는 거부한다. 하지만 진보조롱-좌파혐오-페미니즘 증오의 정서는 고스란히 계승한다.

펨코 유저들의 모습은 **이 시대 청년들의 영혼의 축도**다. 온라인 게임이 요구하는 순발력, 적과 우리편을 명확히 구별하는 게임 세계관, 상대를 신속하게 쓰러뜨리기를 열망하는 게임의 날카로운 언어, 게임이라는 온라인 세계의 허구가 가져다 주는 실존적 가벼움을 그들은 체득하고 있다. 비슷한 또래들에게서는 가볍지만 강고한 동질감을, 앞 세대들(특히 그들에게 '진보좌파'라 불리는 오늘날의 40~50대들)에게는 경멸감 내지 미움을 공유한다. 이 성향은 디시 – 일베 – 펨코에 공통이며, 흔히 민주당에 적대적인 사이버 렉카 유튜버들(대표적인 것이 빡가뉴스)로까지 퍼져 나갔다. 아니, 지금도 퍼져 나가고 있다. 당신이 넷플릭스 드라마를 켜놓고 멍때리며 한숨 돌리는 동안에도, 직장에서 스마트폰으로 주식창을 켜놓고 한눈을 팔고 있는 동안에도 말이다.

누구를 위해서 이 글을 쓰는가?

나는 나이 지긋한 교수님들과 동료 선생들, 내가 모르는 젊고 어린 누군가를 위해 이 글을 쓴다. 나도 딸이 있지만, "아이들만이 희망입니다" 라는 류의 이야기는 정말이지 낯뜨겁고 싫다. 세상이 얼마나 개차반이면 그런 소리가 입에서 튀어나오겠는가! 그런데도 할 말은 없고 종이(요즘은 화면)는 채워야 하니 한다는 소리가 "아이들만이 희망"이라고? 그런 개차반같은 세상에 살아야 할 아이들이 무슨 죄냐? 나는 아직도 2030들을 다 이해할 수는 없지만, 아이들만이 희망이라고 우리 세대가 말하면 2030들이 뭐라고 할지는 확실히 알 것 같다:

"아이들이 있어야 희망이지 ㅆㅂ. 그리고 아저씨, 아이들은 아이들 본인의 희망이에요. 아저씨 희망이 아니라구요. 아저씨, 솔직히 아저씨 희망 없죠? 그러게 잘하(시)지 그랬어요."

내가 어째저째 평생을 공부하게 된 문학에는 '내포독자'라는 개념이 있다. 모든 작가는 글을 쓸 때 상상의 독자를 떠올리면서 글을 쓴다는 소리겠다. 내가 염두에 둔 이 글의 일차적 내포독자는 나의 동세대들이나 조금 높은 선배들, 그러니까 86세대들이다. 나는 그들, 특히 페미니스트들이 나의 글을 읽고 2030 청년 세대, 특히 남성들의 영혼의 상태에 관심을 가져 주기를 바라고 있다. 86세대들은 나보다 나이가 많은 분들으니 그들을 '계몽'하려는 나의 의도를 꼰대같다고 비난하지는 못할 것이다.

그런데 사실 나는 또다른 내포독자에게 더 관심이 많다. 그것은 바로 2030들이다. 영리한 2030 중에는 4050 내지 5060의 본진에 들어가 그들의 내심을 알고 싶은 갸륵한 친구들이 있을지 모른다. 그들이 내 글을 읽으면서 X세대와 86세대의 갈등을 발견하고 샤덴프로이데(타인의 고통에서 기쁨을 느낀다는 뜻의 독일어 단어)라도 느껴보면 좋겠다. 우리 세대의 논리에도 일리가 있다는 것을 납득한다면 더 좋겠다. 분열과 혐오의 대한민국 한 구석에서 서로 다른 사람들을 모이게 했다는 것만으로도 나는 염라대왕에게 할 말이 있을 것이다.

2022년 대선에서 이준석이 보여준 세대포위론은 단순한 선거공학이 아니다. 그것은 청년층의 새로운 정치철학의 반영이다. 가난한 2030들은 자기들을 돕겠다는 4050의 목소리를 위선이라고 혐오했다. 그들은 부유하고 쌔끈해 보이는 보수를 택했다. 2030과 다른 이유에서 보수를 지지하는 6070은 그들과 우연히 한 자리에 있었을 뿐이다.

1999년 4월 1일
초고속인터넷과 야동의 시대

1995년. 김영삼 정부 3년차. 전두환과 노태우가 불법자금 수수와 군사반란 혐의로 구속되었다. IMF도 겪기 전. 민주화도 정착되어 나름 태평성대처럼 보이던 시절이었다(물론 1994년부터 성수대교 붕괴, 삼풍백화점 붕괴, 대구지하철 화재 등 끔찍한 일들이 없었던 건 아니다). 그때 나는 대학교 4학년이었다. 졸업을 앞둔 어느 가을날, 캠퍼스 작은 광장에 대자보가 나붙었다. C라는 남학생이 인문대 여학생회(그 시절에는 이런 것이 있었다!)의 권고에 따라 K라는 여학생에게 사과하는 내용이었다.

소박했던 사람들, 단순했던 세상

경위는 이랬다. 당시 대학생들은 MT(같은 과나 동아리 학생들이 모여 하루 정도 합숙하면서 친목을 도모하는 행사. membership training의 약자)라는 것을 갔다. 기차타고 강변이나 호수 같은 데 가서 고기 구워 먹고, 맘껏 술 마시고, 운동권(오늘날 퀀충, 통팔육이라 불리는) 선배들이 민중가요(데모노래)도 가르쳐 주던 대학문화의 일종이었다.

문제는 넉넉하지 않은 주머니 사정이었다. 학생들은 돈이 없으므로 그때만 해도 커다란 방 하나를 빌려 20~30명이 같이 밤새 술 먹다가 대충 아무데나 퍼질러 잤다. 방이 하나이니 남녀구별도 없었다. 굳이 말하면 남녀혼숙이지만, 다들 옷입은 채로 잤으니 불미스런 일은 거의 없었다. 가끔 남학생이 잠든 여학생의 몸을 몰래 만지는 일이 있었다곤 하는데 다들 조용히 넘어갔다.

그런데 1995년쯤 되면 **페미니즘**도 캠퍼스에서 기지개를 켜기 시작했다. 대자보를 쓴 남학생 C는 MT를 갔다가 옆자리에서 잠든 여학생 K의 몸을 몰래 만졌다. K는 깨어나 사실을 인지했다. 여학생회가 나섰다. C가 진심어린 사과글을 써서 광장에 게재하면 용서하기로 했고, C는 그렇게 하고 군대에 갔다. 그렇게 사건은 잊혀졌다. 나름 깔끔한 해결이었다.

요즘 세대들의 반응이 궁금하다. 일단 남녀구별이 없는 방에 경악하겠지. 미개한 시대의 가련한 꼰대들이다. 그래도 그때는 나름 예의와 염치가 있었다. 남의 몸을 몰래 찍어서 비밀공간에서 돌려보는 끔찍한 시대는 아니었다. 젠더 관련 분쟁이 생기면 사람들은 얼굴을 보며 말로 다퉜고, 결과에 승복했다.
그때 사람들이 착해서가 아니다. 몸을 몰래 촬영할 기계장비도 없었고, 키배(키보드 배틀)를 벌일 인터넷 시설도 없었다. IMF 이후의 처절한 개인주의가 몰려오기 전이었다. 그만큼 **사람들은 소박했고, 세상은 단순했다.**

선정적이지 않게 성을 공론화할 필요성

물론 그 시대가 젠더 문제와 관련해 태평성대라는 말은 결코 아니다. 노골적인 성적 착취(집창촌)도 있었고, 수위 높은 음란물(포르노)도 있었다. 단 야동은 없었다. 야동이 "야한 동영상"의 줄임말이라는 걸 생각하면 당연하다. 모든 영상자료는 비디오 테이프나 CD에 복제해서 저장되던 시절이었다. 그만큼 시청하기 불편했다. PC에 Windows Media Player가 깔리기 시작한 것이 1998년부터다.

음란물을 보려면 비디오 재생기나 최신형 컴퓨터가 필요했고, 세운상가나 서울역 육교, 용산 등의 노점상에서 비디오 테이프를 구해야 했다. 그 자체가 불편한 일이었다. 때로는 비디오 시설이 갖춰진 부모님 침실에서 몰래 보는 배짱이 필요했다. 상경해서 대학교를 다니는 지방의 자취생들은 더욱 불쌍했다. 대부분 값비싼 비디오 재생장비를 갖고 있지 않았다. TV 없는 자취생이 TV 있는 자취생보다 더 많던 시절이었다.

뜻이 있는 곳에 길이 있다고, 음란물을 보는 방법이 없진 않았다. 여관에 가면 되었다. 여관이란 오늘날엔 거의 없어진 숙박시설이다. 더럽고 시설 안좋은, 구축가옥에서 장사하는 모텔 정도라고 생각하면 된다. 여관방에는 작은 브라운관 TV가 있고, 한밤중에 특정 채널을 맞추면 남녀가 성행위를 하는 포르노를 틀어준다. 대학교 2학년 때 고등학교 동기생 10여 명이 고려대 앞 여관에 들어가 그런 영화를 밤새 보던 기억이 새롭다.

민망한 이야기를 구질구질하게 한다. 앞으로 이런 류의 이야기들이 많이 나올 것이다. 현대인들은 **성에 대해서 구체적으로, 그러나 선정적이지 않게 표현할 수 있는 능력**이 필요하다. 디지털 성범죄를 비롯해 성 관련 이슈들이 너무나 빠른 속도로 진화하고 있다. 사안들은 하나하나 민감하고 복합적이다. 경중을 변별하려면 역겨운 것도 참아야 한다.

성욕에 대한 철학적 성찰

인간과 고등동물의 3대 기본욕구로 식욕, 수면욕, 성욕이 있다. 이 중에서 성욕은 아주 이상한 놈이다. 식욕이나 수면욕과 다르게 순간적이고 강렬하다. 그런데 정작 충족이 안돼도 당장 죽진 않는다. 1주일 동안 잠을 안 자면 죽지만, 1주일 동안 섹스를 못한다고 죽을 일은 없다. 또다른 특이점도 있다. 성욕을 충족시키려면 다른 생명체의 몸이 반드시 필요하다(자위행위는 일단 제외한다).

조금 다르게 표현해 보자. 식욕과 수면욕은 삶의 단기 지속에 필요하고, 혼자서도 충족이 가능하다. 그런데 성욕은 삶의 단기 지속이 아니라 후손의 번식, 즉 삶의 영속에 필요하다. 성욕이 충족되지 않는다고 당장 죽지는 않는다는 건 이미 말했다. 물론 성적 욕구불만이 쌓이면 성격이 비뚤어질 수는 있다(여성혐오 등).

성욕은 이성의 몸(혹은 그것의 모조품, 또는 이성의 몸에 대한 자극적 상상)을 통해서만 충족될 수 있다(동성애는 일단 논외로 한다). 식욕이나 수면욕은 지속기간이 길고 강도가 약하다. 그러나 **성욕은 지속기**

간이 비교적 짧고 대신 미칠듯이 강렬하다. 성욕에 몸부림치는 인간은 누구나 이성의 몸이나 그 대용물을 찾아나선다.

원시사회의 인류는 오늘날과 성교 패턴이 달랐다. 그들은 고정된 파트너 없이 한 남자가 여러 여자와, 한 여자가 여러 남자와 관계했다. 일종의 난교였다. 동물세계에도 비슷한 법칙이 발견된다. 그러다가 고대─중세에 가문과 종교에 의해 통제된 결혼제도가 확립됐다. 근대에는 개인의 자발적 의지에 입각한 자유연애가 행해졌다.

성욕은 식욕이나 수면욕과 달리 인간관계 속에서 자연스럽게 충족되는 것이 가장 좋다. 그리고 성욕이 충족되려면 많은 육체적 에너지를 소모하는 행위가 수반되어야 한다. 그 격렬함은 폭력과 외적으로 구별되지 않기도 한다. (성교가 절정에 도달할 때에는 누구나 몸뚱이의 움직임이 격렬해진다. 가벼운 SM도 자연스럽게 일어난다)

예수, 최초의 페미니스트

난교가 성교의 일반 패턴이었던 시대에는 아버지가 분명하지 않았다. 따라서 어머니가 양육의 주도권을 쥐었다. 이것이 모계사회다. 모계사회는 원시사회의 일상적 전쟁상황, 전리품의 배분과 상속을 위한 남계혈통의 필요성으로 인해 곧 사라진다. 성교의 형식도 일정한 통제(결혼제도)를 받았다. 기독교의 등장은 그러한 필요의 한 국면을 반영한다.

구약의 하느님은 간음을 단죄했지만, 신약의 예수는 한걸음

더 나아갔다. "여자를 보고 음욕을 품는 자마다 마음에 이미 간음하였느니라"(마태복음 5장 28절)라고 경고했다. **세상 모든 남성을 '잠재적 성범죄자'로 만든 최초의 인물은 페미가 아니라 예수였다.** 이런 의미에서 예수는 최초의 페미니스트였다. 예수의 경고는 성욕을 통제해 인류의 평화적 존속에 어느 정도 기여했다(결혼제도의 안정화).

근대의 연애는 성욕의 주체인 개인들의 자발적 의지를 강조한다. 섹스는 남자가 주도하더라도 커플이 성립되려면 여성의 OK가 필수다. 이제 여성의 의지나 변덕이 남성의 성욕보다 중요한 변수가 된다. 그러나 일단 결혼한 부부는 서로를 위해 헌신해야 하고, 다른 이성에게 성적으로 끌려서는 안된다는 압박을 받는다.

성욕의 억압과 한국사회의 징후들

인류사의 관점에서 성욕의 가장 골치아픈 특성은 **억압될 가능성**이었다. 식욕이나 수면욕을 억압하면 사람은 죽는다. 그러나 성욕을 억압해도 죽지는 않는다. 성욕에 잠재한 에너지의 강렬함과 파괴성, 생사의 연관성을 고려하면 신기한 일이다. 물론 성욕의 억압은 인간에게 신경증이나 정신병, 나아가 극도의 분노를 초래한다.

한국사회를 관찰하면 억압된 성욕으로 인한 병리적 징후가 곳곳에서 보인다. 몇 가지만 들면, 이성친구를 마음대로 통제하지 못하는 스트레스에서 오는 분노(데이트 폭력), 여성 일반에 대한 루저남들의 분노(여성에 대한 묻지마 폭행. 살해), 연애하고 결혼하는 사람들 일반에 대한 분노(기혼남은 '보빨러[×지빠는 놈]', 기혼녀는 '흉자[흉내×지]'로 호명됨) 등 종류도 가지가지다.

결혼은 합법적이고 지속적으로 성욕을 만족시킬 수 있는 유일한 길이다. 그런데 한국사회는 **결혼 자체가 능력인 사회**가 되어버렸다. 인간정서의 구조적 황폐화, 부동산 자산 인플레이션 등으로 인해 결혼비용이 급상승한 탓이다. 성욕의 억압으로 인한 불만은 현재 한국사회를 감싸고 있는 독가스다. 그 농도가 짙을수록 출산률은 떨어진다. **합계 출산률이 1명 미만으로 떨어진 것은 2018년이고, 한때 0.7명대도 무너졌다.**

과거에는 억압된 성욕이 불법 성매매, 유사 성행위방(대딸방, 키스방), 불륜의 증가 등으로 표출되었다. 그런데 2010년대부터는 양상이 달라진다. **스마트폰이 보급되면서 남성들은 야동을 접할 시공간적 제한이 사라졌다.** 손가락 터치 몇 번이면 미녀들이 나오는 동영상이 쏟아진다. 페미니스트들은 이런 환경에서 성장한 세대들을 **'관음충'**이라고 부른다.

2010년 이후 사춘기를 보낸 Z세대 남성들의 디지털 문화를 설명하는 두 개의 키워드만 꼽자면 '온라인 게임'과 '야동'일 것이다. 2000년대 초중반까지만 해도 야동을 보려면 데스크톱이나 노트북 컴퓨터가 필요했다. 시청을 위한 돈, 시간, 공간은 모두 제한돼 있었다. 스마트폰은 그러한 시공간의 제약을 날려버렸다. **2010년대 이후 한국에서 디지털 성범죄는 세계적 금자탑을 쌓아올렸다** (딥페이크 음란물에 등장하는 개인은 한국인이 53%로 세계 1위).

스마트폰 세대는 언제 어디서나 단톡방의 음담패설, 일베나 디시 갤러리의 음란물, 텔레그램의 불법 성착취 촬영물을 즐길 수 있다. 그들의 영혼은 이미 어둠의 세계에 잠식돼 있다고 해도 과언이 아니다. 이 세계에서 여성은 피와 살을 지닌 인간일 필요가 없다. 온라인 세상에서는 루저남도 아름다운 여성 캐릭터와 연애하는 게임을 즐긴다. 리얼돌, 섹스봇, 인공자궁은 낯선 개념이 아니다.

초고속 인터넷 보급 이전의 음란물

그러나 이야기가 너무 앞서 나갔다. 일단은 다시 1990년대로 돌아가보자. 1990년대 초반은 성인물을 보고 싶으면 얼굴을 가리다시피 하고 남자주인이 운영하는 비디오 가게를 찾아가야 했다(아주머니가 주인인 가게는 민망하므로). 수위가 높은 포르노를 맘 편하게 보려면 여관을 찾아가야 했다. 그래서 1993년 등장한 비디오방은 벼락처럼 떨어진 축복이었다.

혈기왕성한 남학생들은 비디오방의 좁고 컴컴한 칸막이방에 처박혀 얼마든지 성인물을 즐길 수 있게 되었다. 커플들은 그 안으로 숨어들어가 비디오는 장식으로 틀어놓고 섹스를 벌이기도 했다. 비디오방은 조금 민망하고 부끄러운 무언가를 보는 어둠의 공간으로 여겨졌지만, 사랑받지 않은 적은 없었다.

그러던 1997년 7월. 비디오 하나가 남한사회를 발칵 뒤집어 놓았다. 남고생 2명이 벌거벗은 채 빨간 마후라를 두른 여중생 1명을 성폭행하는 장면을 캠코더로 촬영했고, 암시장에 유통시켰다. 여중생은 다수의 성폭력 피해를 당한 가출청소년이었다. 유통과 관련해 여중생의 동의를 구하는 절차 따위는 없었다. 당사자는 그런 절차의 의미도 몰랐다.

여중생이 성교 장면을 촬영했다는 사실에 사람들은 충격받았다. **말세의 전조**처럼 보였다. 그런데 신기하게도 아무도 여중생을 보호해야 한다는 생각을 하지 않았다. 그들은 오히려 당사자를 저주하고 비난했다. 일각에서는 비디오를 구해 보려고 안달했다는 이야기도 있다(아직도 이 전설의 비디오를 찾는 사람들이 있다고 한다).

비디오 속의 아이들은 모두 체포되었다. 피해자임이 분명한 여중생은 남고생들과 똑같이 **음란물 제작 배포죄**로 소년원 4개월 보호처분을 받았다. 사람들은 여학생을 "스스로 정조를 포기한 문란하고 맹랑한 계집애"라고 비난했다. 그러나 이것은 엄연한 불법촬영물이었다. 남고생들이 비디오를 팔아 경제적 이익을 얻었다면, 텔레그램 박사방/n번방 사건과 다를 것이 없는 성착취 사건이었다.

그해 말 **정말로 말세가 찾아왔다.** IMF 구제금융 사태가 터진 것이다. 이듬해 1998년에는 또다른 성추문이 대한민국을 강타했다. 미스코리아 출신 여배우 O씨의 성관계 비디오가 유출됐다. 1990년 남자친구 H씨와 개인적으로 촬영한 영상이었는데, 8년이나 지난 시점에 누군가에 의해 외부로 유출됐다. 비디오는 PC통신을 매개로 빠르게 확산됐다. 이번에는 **불법촬영이 아니라 불법**

유출이 문제였다. 성적인 내용의 불법 촬영과 유출이 새로운 성
폭력이 되어 사회문제로 부각되는 것은 이제 시간문제였다.

초고속 인터넷과 그 쌍생아들

훗날 대한민국 인터넷 문화사가 한국사 교과서에 수록될 때,
학생들은 **"1999년 4월 1일"**을 반드시 암기하고 있어야 할 것이다.
대한민국 땅에서 일반 고객을 위한 초고속 인터넷 서비스가 시
작된 날이기 때문이다. 인터넷 역사에 미친 영향을 기준으로 보면,
잡스형님이 전설의 아이폰 프리젠테이션을 한 2007년 1월 9일
만큼 중요한 날이다.

인터넷(Internet)이라는 말은 본래 컴퓨터 네트워크 통신망을
뜻하는 용어일 뿐이다. 한국 최초의 인터넷은 1971년 태백선 전
철화 사업을 위해 구축한 철도청 중앙 네트워크였다. 우리가 현
재 인터넷의 전부인 것처럼 알고 있는 월드 와이드 웹(World Wide
Web/WWW)은 전세계의 인터넷 망을 유저 친화적인 웹사이트 단
위로 구현한 시스템의 명칭에 불과하다.

1999년 4월 1일 이전에도 대한민국에서 인터넷은 사용되고
있었다. 단지 대중화되지 않았을 뿐이다. 한국에서 WWW 기반
의 인터넷 상용서비스가 시작된 것은 1994년이었으나, 일반인
유저를 위한 환경은 마련되지 않아 대중화되지 못했다. 1995년
PC통신을 통해 인터넷에 접속하는 누리넷 서비스가 시작되어
유저 친화성은 일부 개선되었지만, 여전히 속도는 느리고 요금은

비쌌다.

1998년 IMF 구제금융의 위기 속에서 들어선 김대중 정부는 경기진작을 위해 2002년까지 **초고속 인터넷 통신망** 구축을 추진했다. 1999년 제2 시내전화 사업자로 선정된 하나로통신(현 SK브로드밴드)은 초당 1메가바이트라는 전송속도(당시 PC통신의 142배)를 자랑하는 새로운 인터넷 서비스 ADSL를 출시했다. 기존 유선 전화선을 사용하되, 음성전화와는 별개의 주파수 대역으로 데이터를 전송해 속도를 높였다. 서비스 가격도 월 3만원 정도의 비교적 저렴한 정액제였다. 대중화는 시간문제였다.

그런데 맙소사. 지킬 옆에 하이드가 따라붙듯, 정확히 1개월 후인 1999년 5월, **소라넷**이 탄생한다. 2016년 폐쇄될 때까지 100만 명이 넘는 회원을 자랑했던 한국 최대의 온라인몰 사이트다. 소라넷은 개인용 컴퓨터의 미디어 플레이어 + 초고속 인터넷 인프라와 동시에 성장했다. 명실상부 **한국 최초이자 최대의 "야동 사이트"**였다. 몰카(불법촬영물), 합성물(페이크), 리벤지 포르노(옛 애인에 대한 성적 복수를 위해 유포된 몰카)까지 온갖 것들이 업로드되고 유료로 거래됐다.

그런데 이상한 점이 있었다. 디지털 성범죄의 모든 장르가 망라된 종합판이라 할 이 소라넷은, 그 규모나 영향력에 비해서 **너무나 조용하게 성장**했다. 운영자는 17년간 불법수익을 올렸고, 사람들은 조용히 들어가 조용히 즐겼다. 성욕 앞에서는 이념도 좌우갈등도 없었다. 김대중, 노무현, 이명박, 박근혜 정권 내내 소라넷은 조용히 번창했다.

인터넷 음지는 오프라인 세계에서 들리지 않는 주파수로 움직였다. 깨끗하게 정비된 신도시의 거리에는 하수도 흘러가는 소리도, 역겨운 냄새도 도달하지 못한다. 초고속 인터넷 보급은 오프라인 세계와 완전히 분리된 온라인 음지를 창조했다. 일베를 낳은 악명높은 인터넷 커뮤니티 **디시인사이드**도 이 무렵에 생겼다(1999.10.6.).

야동에 대한 철학적 사유

여기서 씹선비(점잖은 체하는 사람에 대한 멸칭. 디시인사이드에서 쓰이기 시작해 각종 인터넷 커뮤니티에서 널리 쓰임) 같은 소리를 한다는 비난을 무릅쓰고, 야동에 대한 **철학적 사유**를 전개해 보려고 한다.

야동 혹은 야동을 가능케 하는 인프라는 새로운 철학적 문제를 제기한다. **야동은 성욕이 인간관계를 통해서만 충족될 수 있다는 통념을 무너뜨린다.** 여기 한 남학생이 있다. 밤 12시. 학생은 조용히 컴퓨터를 켜고, 야동 사이트에 접속하여 동영상을 보면서 자위를 시작한다. 발기가 되고 곧이어 사정을 한다. 여기서 철학적 질문을 하나 던져보자.

"이 학생의 실존은 온라인 세계에 있는가, 아니면 오프라인 세계에 있는가?"

쉬운 질문 같지만 그렇지 않다. 학생의 육신은 분명히 자신의 방이라는 오프라인 공간에 존재한다. 그러나 학생을 흥분시킨 선정적인 이미지들은 온라인 공간에만 존재한다. 전원 공급이 중단되면 곧바로 사라진다. 그런데도 온라인 세계의 야동이 오프라인에서 살고 있는 남학생을 흥분시킨다. **성욕은 온라인과 오프라인을 직접 연결하는 신비한 욕망**이다.

온라인 공간의 가상현실이 독자적 현실이 되어 오프라인을 지배할 것이라는 혼합현실이나 확장현실 담론을 나는 믿지 않는다. 그러나 온라인의 포르노 동영상이 오프라인의 음경을 발기시키는 것은 믿는다. 특히 최근 젊은 남성들의 성욕은 오프라인을 벗어나 온라인 세계에서 자족하려는 추세가 엿보인다. 펨코의 댓글창을 보라(2021.6.23.):

하태해운대: 궁금한게 미래에 섹스봇 인썽자궁 나오면 여성의 가치는 떨어질까

길가다돈주음: 여자랑 섹스가 제일 쾌감은좋겠지. 근데 인공자궁이 가장큼 그거나오면 떨어질듯

조네바야시국이콘: 오히려 쾌감의 포텐은 기계쪽이 더 높을 것 같음 근데 기계랑 부둥켜 안고 있으면 현타가 좀 쎄게 올 것 같은데

밍글맹글: 순수쾌락은 기계가 ㅅㅌㅊ(평균이상)일텐데 정신적쾌락은 씹좆일듯 ㅋㅋㅋ

온라인 세상의 오프라인 지배

물론 "온라인 세상이 오프라인을 지배한다"는 식의 표현은 걸러 들어야 한다. '지배', '멸망' 같은 극단적 개념은 세계를 편향적으로 기술하려는 발화자의 욕심에서 비롯된다. 1910년 조선이 멸망했지만, 멸망의 사실만으로 조선사람들이 자동으로 죽는 것은 아니다. 일상 생활에서 경험가능한 온라인 세계의 지배력은 이것보다는 미묘하게 관철된다. 파편적이지만 급작스럽고, 개인에게 파괴적이고, 그래서 섬찟하다.

간단한 장면들부터 시작해보자. 모 중학교 남학생이 여자 담임교사의 채팅방 프로필 사진을 따낸다. 그 사진으로 딥페이크 나체사진을 만들어 텔레그램에서 유포한다(이를 지인능욕이라 한다. 줄여져 '지능'이라고도 함). 사건은 온라인에서 시작됐지만, 사건 이후 여교사가 남학생들을 가르치는 것이 불가능해졌다. "온라인 세계의 오프라인 지배"는 이렇게 작고 가까운 곳에서 시작된다.

또다른 예를 들어보자. **초등학교 교실에서 쓰지 말아야 할 온라인 혐오표현**을 조사했다. 아이들이 "앙 기모띠(기분좋아)", "야메떼(그만해)" 같은 표현들을 지적한다. 이 일본말 쓰레기의 출처는 놀랍게도 일본 성인물이다. 아프리카TV의 방장(BJ)들, 유튜버들이 지껄이는 소리를 아이들이 맥락도 모르고 흉내내는 것이다. 일본 에로배우들의 목소리가 대한민국의 초등학생들의 언어에 침투한다. 주님 저희를 불쌍히 여기소서.

정리하자. 식욕과 수면욕은 철저히 오프라인에서 발생하고 오프라인에서 충족되어야 하는 욕망이다. 그런데 성욕은 발생(온라인)과 충족(오프라인)이 분리될 수 있는 기이한 욕망이다. 남성의 성욕은 온라인 가상세계에서 자극을 받아 발생할 수 있지만, 그 충족은 오직 사정射精이라는 오프라인의 현실로서만 가능하다.

텔레그램 박사방 온라인 성착취 불법동영상 제작 및 유포사건은 **온라인의 오프라인 지배가 전면화, 철저화되고 있음**을 보여준다. 박사방의 가해자 조주빈은 손가락 하나 까딱하지 않고 피해 여성이 스스로 나체사진을 찍어 전송하도록 만들었다. 조주빈은 피해 여성과 오프라인에서 만날 필요조차 없었다.

딥페이크를 이용한 지인능욕 범죄도 마찬가지다. 피해자는 처음엔 자신이 범죄에 희생되었다는 사실 자체도 알지 못한다. 범인이 스스로 고백하거나, 피해자의 수치스러운 사진이나 동영상이 돌이킬 수 없을 정도로 유출된 뒤에야 자신이 당했다는 것을 깨닫는다. 온라인 가상세계가 오프라인 현실세계를 이보다 잔인하고 철저하게 지배한 사례가 과연 있었을까?

도대체 우리는 어쩌다가 이 지경에 이른 것일까?

2020년 3월 16일
텔레그램 성착취 사건, 온라인 세계의 심층

2020년 3월 16일, 텔레그램에서 여성들을 협박해 불법 성착취 사진과 동영상을 제작, 유포, 판매한 혐의로 20대 청년 조주빈(닉네임 박사, 박사방 운영)이 체포되었다. 얼마 후에는 비슷한 범죄를 저지른 문형욱(닉네임 갓갓, n번방 운영)이 체포되었다. 코로나 시국에 발생한 이 사건은 그 범죄의 잔혹성과 이해하기 어려운 수법 탓에 사람들에게 큰 충격을 주었다.

알고 싶지 않은 이야기들

사람들은 아직도 텔레그램 n번방/박사방 사건이 뭔지 잘 모른다. 정상사회에서 일탈한 젊은 남자애들이 여자애들 잡아다가 강제로 성추행하고, 이상한 사진 찍어서 팔다가 걸린 사건 정도로 알고 있다. 솔직히 **좋은 이야기도 아닌데 별로 알고 싶지도 않다.** 알 필요도 없다. 잠깐, 진짜 그런가? 진짜 알 필요가 없을까?

물론이다. 알 필요가 없다. **'알빠노'**(상대방의 곤란한 상황이나 적의 고통에 대한 냉담한 반응을 우스꽝스럽게 표현한 온라인 은어. 'ㅇㅃㄴ'라고도 함)

와 '**안물안궁**'(안 물어봤고 안 궁금함)은 시대정신이기 때문이다. 근데 뭔가 찜찜하다. 불법촬영물 범죄는 예전에도 있었고 온라인 업로드도 있었다. 그런데 그런 범죄에 징역 42년이라는 중형이 선고된 사례가 과거에 있었나? 뭔가 찜찜하고 심각한 문제가 숨어 있는 느낌이다. 그냥 쎄~하다.

박사방 사건, 조주빈과 디지털 인프라의 합작품

박사방 사건은 조주빈의 **고등사기술**이 **스마트폰 보급**이라는 인프라와 합작품이다. 조주빈은 피해자들을 직접 만나지 않고서도 악질적 성범죄를 저질렀다. (폰섹스 같은 구닥다리 케이스로 반박하는 분은 없길 바란다) 귀신인가? 아니다. 여성들이 성착취를 당하는 동영상을 **스스로 찍어서** 전송했다. 불법촬영물 판매는 사건의 본질이 아니다. 영리한 조주빈이 채택한 돈벌이 아이템에 불과했다.

이해하기 힘들 것이다. 도대체 어떻게 했길래 여성들이 스스로 자신의 나체를 촬영해 조주빈에게 전송한단 말인가? 조주빈은 사기술에 특화된 인물이었다. 목소리로 신뢰감을 주고, 메시지로 설득하는 재주가 있었다. 상대를 궁지로 몰아붙인 뒤 협박하는 능력도 뛰어났다. 불법촬영물을 판매 목적으로 유포하는 뻔뻔함도 지녔다.

검거 당시 24세였던 조주빈은 겉보기에 평범한 인생을 살았다. 봉사활동 경력도 있고, 심지어 정의롭기까지 했다. 보이스피싱범이나 마약사범을 유인해서 경찰에 신고했고, 경찰이 그들을 검거하는 것을 도왔다. 신고포상금까지 받았다. **상대를 설득하고, 유인하고, 어떤 행동을 하게 하는 능력**이 있었다. 직접 보이스피싱을 했어도 크게 성공했을 것이다.

실제로 조주빈은 JTBC 사장 손석희를 텔레그램에서 협박해 돈을 뜯어내기도 했다. 2019년부터 손석희는 김웅이라는 인물에게 폭행혐의로 사과요구를 받고 있었는데, 조주빈은 텔레그램에서 손석희에게 "김웅에게 손석희 살해청부를 받았다"고 거짓 메시지를 보내 협박했다. 손석희는 사실확인을 위해 조주빈에게 돈을 입금했다는 사실을 인정했다.

조주빈의 텔레그램 박사방은 보이스피싱과 비슷한 원리로 운영된다. 타겟이 다를 뿐이다. 노리는 대상은 "돈많은 노인"이 아니라 "돈없는 어린 여성"이다. 텔레그램에서 급전이 필요해 보이는 나이 어린 여성들을 알바 소개시켜 준다고 꾄다. 이때 알바는 일반적이고 건전한 부업이 아니라 '**스폰알바**'다.

스폰알바란 sponsing(후원) + arbeit(부업)을 합성한 말이다. 젊은 여성이 돈많은 남자의 애인노릇을 해 주고 그 대가로 후원성 금전을 받는 일이다. 과거 일본에서 회사원들이 여고생들에게 용돈을 주고 데이트를 하는 것을 '**원조교제**'라고 했는데, 본질적으로 같은 일이다. 성매매는 부담스럽고 급전은 땡기고 싶은 젊은 여성들이 선호하는 옵션이다.

스폰알바의 미끼를 문 여성에게 조주빈은 최대한 젠틀하게 응대한다. 입금에 필요한 계좌번호, 주민등록증 전부와 얼굴이 찍힌 사진을 전송할 것을 요청한다. 계좌번호야 당연하고, 스폰 알바 고용주(?)의 최우선 고려사항이 여성의 미모일 테니 사진 전송도 납득이 간다. 여기까지 별 의심없이 응하면, 이제부터 성 착취가 시작한다.

조주빈은 스폰서(스폰알바 고용주)가 돈을 입금했다며 선정적인 셀카 사진을 요구한다. 여성이 주저하면, 대화방은 **자동으로 폭파** 되며 사진은 고객 확인용일 뿐이라고 안심시킨다. 여성이 사진을 보내면 더 수위가 높은 사진을 전송하라고 요구한다. 못하겠다 고 하면, 확보한 신상정보를 이용해 SNS의 지인들에게 사진을 보내겠다고 협박한다. 결국 조주빈은 원하는 사진을 모두 얻어 내고, 여성에게는 한푼도 주지 않는다.

여성은 이제 신상이 폭로되지 않기 위해 조주빈이 시키는 대 로 해야 한다. 모르는 사람에게 접근해 회유와 협박으로 필요한 것을 뜯어내는 수법은 보이스피싱과 똑같다. 조주빈은 이렇게 여성 노예들을 확보하고, 온갖 기괴한 성착취 촬영물을 제작한다. 유료회원제로 여러 개의 방을 운영하면서 범죄 수익을 얻었다.

불쾌한 이야기를 자세하게도 했다. 상식적으로 불가능할 것 같은 일이 일어나는 메커니즘을 알아야 다음 이야기를 할 수 있 기 때문이다. 언론 매체에서는 흔히 "텔레그램 n번방 사건"으로 호명하지만, 조주빈의 박사방은 갓갓(문형욱)이 운영하던 n번방과 별개의 방이다. 조주빈은 당당하게 **'박사'라는 닉네임을 사용하며**

우월적 지위를 만끽했다.

조주빈은 영리했다. 텔레그램을 자유자재로 이용하는 IT 재능, 공범(부하)들을 텔레그램 내에서 활동시키고 신상털이나 오프라인 협박에 활용하는 인적 네트워크, 범죄수익 인출 흔적을 없애기 위한 가상화폐 사용 등은 꼼꼼함과 비범함을 입증한다. 시대의 흐름도 조주빈식 범죄가 발생하는 데 유리해져 갔다.

2018년 늦가을, 버닝썬 게이트가 터졌다. 이듬해 2월 26일에는 이른바 정준영-승리 카톡이 공개되었다. 카카오톡 단톡방으로 강간 불법촬영물이 전송되었다는 끔찍한 사실이 밝혀졌다. 톱스타 정준영과 승리가 잇달아 구속되었다. 성인물이나 음란물을 카톡으로 전송하는 행위는 이제 자살행위가 되었다. 카톡의 대안으로 **텔레그램**이 부각되었다.

텔레그램은 2013년 러시아 국적의 두로프 형제가 개발한 메신저다. 카톡보다 보안성이 높아 국내에서도 일반인, 정치권, 범죄집단 할 것 없이 두루 쓰였고, 지금도 쓰인다. 본부가 외국(두바이)에 있어서 범죄에 악용돼도 수사협조를 받기 어렵다. **디지털 성범죄로 생산된 불법촬영물을 배포, 공유, 판매하는 데 최적인 온라인 공간**이 마련된 셈이다.

박사방과 n번방 사건 이전에도 성착취(강제 스와핑, 윤간, 몰카)에 해당하는 불법촬영물은 차고 넘쳤다. 악질적인 버전들은 소라넷을 통해 유통되었다. 그런데 2016년 소라넷이 공식 폐쇄되고, 2018년에는 운영자 일부가 체포되어 형사처벌을 받았다. 카톡에 이어 소라넷까지 사라지자 불법촬영물의 중심축은 텔레그램으로 완전히 옮겨갔다.

디지털 성범죄, 공격타겟의 질적 전환

여기서 또 한번 썹선비처럼 접근해 보자.

텔레그램 성착취 불법촬영물의 등장은 야동(포르노)의 역사뿐만 아니라 범죄의 역사에서 보아도 중대한 철학적 의미가 있다. 이제 **성범죄의 가해자와 피해자는 직접 만날 필요가 없어졌다.** 디지털 성범죄의 피해자는 스스로 불법촬영물을 제작해 가해자에게 상납한다. 그 메커니즘은 이미 자세히 살펴보았다.

물론 가해자, 피해자, 촬영물을 구매해서 보는 관객 모두 피와 살을 가진 진짜 살아있는 사람들이다. 그러나 달리 생각해 볼 여지도 있다. **가해자, 피해자, 시청자는 디지털 성범죄가 일어나는 그 순간에 진짜로 살아 있는가? 그들은 어떤 실존을 영위하고 있는가?**

그들은 각자의 골방에 격리된 채 조용히 각자의 일(사기치고 협박하든가, 수치와 공포로 자기 몸을 촬영하든가, 그 모습을 낄낄거리며 쳐다보든가)을 기계처럼 행할 뿐이다. 범죄가 저질러지는 동안 가해자 – 피해자 모두 오프라인의 삶은 대부분 휘발된다. 일시적일지언정 그들은 **온라인 성범죄의 세계에 복무하는 노예**로 변신한다.

텔레그램 성착취 사건을 접하는 사람들의 반응은 대체로 한결같다. 처음엔 무슨 일인지 이해를 못하고, 이해가 좀 되면 놀라기 시작하고, 놀람이 좀 가라앉은 뒤에는 당황해 한다. 전통적인 성범죄의 모든 패턴과 관행이 통하지 않기 때문이다. 피해자가 자기 손으로 불법촬영물을 찍어서 상납하고, 피해자는 가해자의 얼굴도 모른다. 어떻게 이런 일이 …….

사실 텔레그램 성착취 사건에는 세계사적 의미가 있다. 생각해 보면, 성폭력의 역사는 대단히 유구하다. 한쪽 끝에는 현실세계에서 일어나는 가장 단순한 형태의 강간이(100% 오프라인 범죄), 반대쪽 끝에는 텔레그램 사건과 딥페이크 같은 디지털 성폭력(100% 온라인 범죄)이 있다. 오늘날의 성범죄는 이 양극단 사이의 어딘가에서 벌어진다.

윤간, 강간과 같은 현실세계의 성폭력은 원치 않는 임신, 낙태, 생식기 훼손, 성병과 같은 끔찍한 후유증을 남긴다. 반면 **디지털 성폭력은 여성의 신체에 어떠한 흔적도 남기지 않는다. 그것은 여성의 신체가 아닌 다른 무엇을 공격한다.** 이것이 디지털 성범죄의 가장 이상하고 불쾌한 지점이다.

구체적으로 생각해 보자. 디지털 성범죄는 여성의 어떤 부분을 공격하는가? 진부한 정답은 여성의 영혼이다. 신체의 수치스러운 부분을 강제로 노출당한 여성은 수치심을 느끼고 자존감을 박탈당한다. 공동체는 피해자 여성을 위로하고 그들이 다시 일어설 수 있도록 도와야 한다. 가해자를 처벌하고 재발방지를 위해 노력해야 하는 것은 물론이다.

그런데 이걸로 끝일까? 좀 찜찜하다. 전대미문의 새로운 유형의 범죄 앞에서 우리는 전통적이고 진부한 해결책으로 대응한 게 아닐까? 그런 대응책이 과연 효과가 있을까? 서둘러서 하나마 나한 대책을 세우는 것보다, 온라인 세계와 오프라인 세계의 관계에 대한 철저하고 근본적인 반성이 먼저일 수도 있다.

휘발되는 피해자의 실존

나는 앞에서 "야동을 보며 자위를 하는 남학생의 실존은 온라인에 있는가, 오프라인에 있는가?"라는 질문을 던졌었다. 남학생의 육신은 오프라인에 있지만, 그의 음경을 발기시킨 야동의 이미지는 온라인에 있다고 했다. 식욕이나 수면욕과 달리 성욕은 온라인이 오프라인에 중대한 영향을 미치는 유일하고 이상한 욕망이라고 설명했다.

야동을 보며 자위하는 남학생의 실존은 온라인과 오프라인 사이에 걸쳐 있다. 반면 **텔레그램 성착취 사건 피해여성의 실존은 오프라인 세계에서 거의 휘발된 것처럼 보인다.** 여성은 디지털 성폭력이 일어난 자신의 골방 바깥으로 나오기 어렵다. 그녀의 실존은 온라인에서 성적 착취의 용도로만 쓰여진다. 피해자 여성의 실존이 오프라인에서 휘발하는 현상은 다음 세가지 의미를 갖는다.

(1) 성적 수치심을 일으키는 성착취 이미지와 동영상들은 모두 온라인에 남는다. 가해자들이 폭로하지 않는 이상 그 촬영물들은 오프라인 세계로 뚫고 들어오지 못한다(조주빈이 피해자들의 신상이나 촬영물을 오프라인에서 폭로하겠다고 협박은 했지만, 실제 폭로한 사례는 보고되지 않았다. 이건 좀 의외다)

(2) 피해자 여성들은 가해자를 오직 온라인에서만 접한다. 그녀들은 조주빈에 대해 아무것도 모른다. 얼굴도, 실명도, 주소도 모른다. 짧고 사무적인 음성통화에서 드러난 가식적인 목소리, 메시지의 워딩에서 느껴지는 말투를 제외하면 말이다.

(3) 피해자 여성들은 오프라인 현실세계에서 살아 숨쉬는 자신들의 신체를 공격당하지 않았다. 그녀들은 **오프라인 세계가 침범할 수 없는 영혼이라는 영역**에서 수치와 굴욕을 맛보았다. 그녀들의 상처받은 영혼은 온라인 세계를 떠돌고, 오프라인 세계에 대한 관심을 상실한다.

텔레그램, 스마트폰, 가상화폐와 같은 인프라는 잘 구축돼 있고, 조주빈처럼 이기적인 인간 유형과 그의 공범으로 기꺼이 나설 남성 인력풀은 세상에 늘 풍부하다. 따라서 **우리는 피해자 누구에게도 재발방지를 보장할 수 없다.** 기껏해야 노력할 수 있을 뿐이다. 그런데 헛된 삽질을 하려는 게 아니라면 노력도 번지수를 제대로 찾아서 해야 한다.

무슨 노력을 어떻게 해야 하나? 대답은 이미 나온거나 마찬가지다. 디지털 성범죄가 이토록 끔찍한 수준에 도달한 데는 21세기 정보화 사회의 인프라가 큰 역할을 했다. 현대인들이 이 인프라를 포기할 리는 만무하다. 그렇다면 중요한 건 **태도**다. 온라인 세계, 디지털 세계, 이 가상의 메타버스 세계의 본질을 꿰뚫어보고, 휘둘리지 말아야 한다.

텔레그램 n번방/박사방 사건은 소수의 일탈이 아니다. 이것은 인간 종족이 존속할 가능성과 조건을 묻는 실존의 위기다. **나는 인류의 운명에 관심이 많다.** 인류가 문명적 존재 행세를 하면서 몇 백 년 더 지구 위에서 살아갈 수 있을지가 궁금한 게 아니다. 인류가 가꿔온 예의, 염치, 인간다움을 유지하면서 존속하는 게 앞으로 가능할까에 관심이 있다.

이런 의미에서 나를 **문화적 보수주의자, PC주의자, 씹선비**라고 비판해도 할 말이 없다. 나는 이렇게 생겨먹은 인간이고, 인간 은 쉽게 바뀌지 않기 때문이다. 다만 온라인만으로 자족적인 세 계를 구축할 수 있다고 믿는 IT 급진주의자, PC주의와 씹선비의 위선을 조롱하는 각종 인터넷 커뮤니티 유저들에게 이 말만은 전하고 싶다.

> "나는 사실 당신들과 크게 다른 사람이 아니다. 당신들이 **그토록** 증오 하는 페미들도 마찬가지다. 독일의 전설적 락그룹 스콜피언즈의 노래 제목처럼, 우리 모두는 '**또 한 덩이의 고깃덩어리**(another piece of meat)' 들일 뿐이기 때문이다."

발각된 현행범을 체포할 수 없는 범죄

텔레그램 성착취 문제를 심층 취재했던 한겨레 오연서 기자 는, 박사방과 n번방 사건이 기존의 성폭력 사건의 문법으로 설명 되지 않는 데서 오는 당혹감을 표현한다. 이 사건에는 이상한 점이 한두 가지가 아니다. **범죄사실은 너무나 분명하다. 그런데 범죄자는**

현행범으로 발각되었는데도 범행을 계속한다. 대체 인류 역사상 이런 범죄가 있었는가?

생각해 보라! 어떤 남자가 한 여성을 강간하다 현장에서 붙잡혔다. 그런데 그 범인은 강간을 중단하기는커녕 절정에 이를 때까지 성교를 계속하려고 한다. 그것이 용납되는가? "온라인 세상에선 가능하겠지 뭐"하고 말면 그만일까? 불쾌한 무력감은 사라지지 않는다. 기존의 세계가 변질되다 못해 붕괴한 거라고 깨끗하게 인정하는 게 낫지 않을까?

범행이 분명한데 피해자가 숨는다는 것도 이상하다. 성폭력 피해를 당한 사람들은 다 그렇다고 치부하면 안된다. 디지털 성폭력은 현실세계의 성폭행과 분명히 다르다. 현실세계의 강간은 살아있는 남성에게 제압당하는 경험이다. 몸은 다치고 기분은 더럽지만, 가해자가 분명하다는 점에서 수사, 체포, 처벌의 가능성은 훼손되지 않는다.

그런데 텔레그램에서 벌어진 디지털 성착취는 눈앞에 가해자가 보이지 않는다. 조금 과장해서 말하면, 과연 살아있는 인간에게 당하고 있는게 맞는지조차 의심스럽다. 사람은 너무 이상한 일이 벌어지면 믿어지지가 않기 때문이다. 피해자들은 한참 후에 경찰에 붙잡힌 가해자의 참모습을 복면가왕 확인하듯 직면해야 한다. 또다른 트라우마다.

한겨레 오연서 기자는 현실세계의 공간이 휘발해버린 이 기괴한 디지털 범죄의 본질을 다음과 같이 친절하게 알려준다:

> 사람들은 A(피해자의 가명 이니셜)의 아픔과 고통보다 가해 행위의 기괴함에 더 주목했다. 그 모습을 보면서, 나는 사람들이 내가 그랬던 것과는 달리 피해자들의 피해를 나의 것이라고 느끼지 못하고, 특별한 누군가의 피해라고 여기며 한쪽으로 치워두려는 것만 같다고 생각했다. 피해자들이 고통 속에 외쳤던 피해 사실을 '선정적이고 가학적'이라는 이유로 모두 기사에 담지 않은 것이 오히려 문제를 축소시킨 건 아닐까 걱정하기도 했다. 내가 기사에 담은 내용은 피해의 단순한 조각일 뿐이었다. 훨씬 더 혹독하고 악랄하고 잔인한 범죄의 현실을 그대로 담아야 옳았을까? 죄책감과 후회는 꼬리에 꼬리를 물었다. **내가 고통스러웠던 건 범죄의 잔혹성을 봐야 했기 때문이 아니었다.** 죄책감과 무력감 때문이었다. (오연서, 〈나는 텔레그램 n번방에 있었디〉, ESQUIRE 2020.04.17.)

디지털 성범죄에는 또다른 기막힌 속성이 있다. 직접적 가해자(만든놈, 판놈) 외에 시청자(본놈)까지 포함하면 가해자를 특정하기도 어렵고, 그 수가 검거불가능할 정도로 많아진다. 피해자가 온라인상에서 가해자를 마주쳐도 신고조차 못한다. 가해자를 최대한 많이 체포하기 위해서는 온라인 공간이 증거로 남아 있어야 하기 때문이다. 검거 순간까지 온라인 공간을 유지해야 체포 가능한 가해자들을 최대한 많이 확보할 수 있다.

가해자(비밀방 운영자)가 검거되었다는 소식을 전해 들은 뒤에야 D는 그 방에서 나올 수 있었다. D는 나와의 통화에서 이렇게 말했다. "마지막에 방에서 나오면서 '너희 다 범죄자'라고, '경찰에서 다 잡아갈 거'라고 말하고 싶었어요. 그런데 그 말을 끝내 못했어요. 왜냐하면 저처럼 잠입해서 증거를 찾는 피해자들이 그 방에 또 있을 수도 있잖아요. 제가 그런 말을 하고 나와서 그 방이 폭파되거나 해서 다른 가해자를 못 잡게 되면 어떡해요." (오연서, 위의 글)

극단적 온라인 개인주의의 종착점

온라인 가상세계의 위상은 막강하다. 메타(페이스북), X(트위터)와 같은 빅테크 기업들도 **헛것**(가상세계)**이 현실세계에 미치는 영향력**에 빨대를 꽂은 채 연명하고 있다. 그러나 가상세계는 클릭질 몇 번이면 언제든지 파괴될 수 있는 부분들로 구성된, 지극히 취약하고 휘발성이 강한 세계이기도 하다. 여기에 익숙한 세대들은 세계가 원래부터 그런 줄로 안다. 다른 세계가 존재했다는 것은 그저 풍문으로만 듣는다. 거시적인 관점에서 볼 때, 텔레그램 성착취 사건은 이러한 가상세계의 정체를 충격적으로 폭로하는 사례일 뿐이다.

19세기의 가장 위대했던 철학자는 **프리드리히 니체**(1844~1900)였다. 프로이센이 프랑스를 꺾고 1871년 수립한 독일제국의 낙관주의적 분위기 속에서, 오직 니체만이 냉철하게 20세기의 위기를 예측했다. 19세기는 자본주의, 개인주의, 도시화의 시대였다. 모두가 거기서 희망을 보았지만, 니체는 인간 공동체를 뿔뿔이 쪼개버리는 거대한 분열을 보았다.

중세에는 교회권력을 중심으로 사회가 결속했다. 사회를 구성하는 단위는 농촌 공동체(마을)였다. **중세의 인간을 규정하는 핵심**은 개인으로서의 긍지가 아니라 **공동체가 부과한 과업**이었다. 그런데 자본주의가 초래한 도시화가 모든 것을 바꿔 놓았다. 도시화는 자유라는 역동성을 개인에게 제공했지만, 그 대신 공동체를 빼앗아갔다.

자본주의 사회의 구성 단위는 개인이다. **개인**(individual)이란 **더이상 쪼갤 수 없는 원자로서의 인간**을 뜻한다. 이제 모든 인간의 행동은 개이 단위로 이루어진다. 온갖 권리도 개인에게 귀속되고, 실존적 책임도 개인에 전가된다. 예민한 니체는 이것이 인류에게 축복으로 작용하지 않을 것임을 직감했다. 더 나아가 그는 개인조차 더 쪼개져서 **개인보다 작은 인간사회의 구성단위**가 생길 것이라고 예언했다.

그 구성단위가 구체적으로 무엇인지는 니체도 몰랐다. 다만 그는 19세기적 자본주의가 촉발한 개인주의적 이기주의의 기세가 개인이라는 단위조차도 분해시켜 버릴 것이라고 직감했다. 개인이 분해된다는 것은 무슨 뜻일까? 신체의 파편화는 죽음을 뜻하므로, 그것은 **영혼의 분열**을 뜻할 수밖에 없다. 그리고 그것은 영혼과 육체의 결합으로 이루어지는 전통적 인류의 종말을 의미한다. 1873년 무렵에 니체는 이렇게 썼다.

> 지금 지상의 거의 모든 것들은 가장 거칠고 나쁜 힘들, 탐욕스러운 자들의 이기주의, 군국주의자들의 폭력에 의해 규정되고 있다. (…) 우리는 지금도 중세의 (녹아내리고 있는) 얼음덩이 위에서 연명하고 있다. 얼음은 빠르게 녹아서 만물을 못쓰게 만드는 거대한 운동으로 빠져들고 있다. 모든 강변은 범람의 위험에 처해 있다. 혁명은 피할 수 없다.
>
> 게다가 그것은 원자론적 혁명이다. 도대체 인간사회에서 가장 작고 분할불가능한 원소는 무엇인가? (니체, 〈교육자 쇼펜하우어Schopenhauer als Erzieher〉, 1874)

2025년의 세계사적 혼돈 속에서 살아가는 우리들은, 니체의 질문에 조금은 더 구체적으로 대답할 수 있다. 우리는 거인의 어깨 위에 올라타 있기 때문이다. 니체 이후 150년간 세계 역사가 어떻게 흘러갔는지 알고 있다. 니체가 옳았다. 군국주의자들은 두 차례나 세계대전을 일으켜 자신의 힘을 과시하려다 인류 전체를 멸망의 벼랑 끝으로 몰아넣었다.

세계전쟁 이후에도 진짜 평화는 오지 않았다. 자본주의적 탐욕은 돈벌이만 되면 지구상의 어디든 손을 뻗친다. 미래세대가 누려야 할 물질적 자원까지 당겨쓴다. 오프라인 시장의 포화상태를 타개하려고 온라인 가상세계를 만들고, 잉여적인 아이템들을 만들어 팔아먹는다. 오프라인 세계의 루저들은 자연스럽게 온라인 세계로 이끌린다. **그리고 거기서 난장이 벌어진다.**

온라인 세계의 무수한 아바타들

인간사회의 최소단위는 이제 오프라인의 자아(조주빈, 문형욱)와 온라인의 자아(박사, 갓갓)로 분열된다. 온라인의 자아는 자기를 끝없이 확장하면서 자기가 오프라인과 무관한 존재인 양 행세한다. 때때로 온라인의 자아는 오프라인의 세계를 압도하는 것처럼 보인다. 그러나 박사와 갓갓이 체포되면서 온라인의 자아는 의문의 1패를 당한다.

빅테크 기업이 추구하는 **온라인 세계의 망상적 거대성**에 비하면, 박사와 갓갓은 피레미 중의 피래미일 뿐이다. 인간사회 최소 구성단위에 대한 니체의 질문에 대답하려면, 우리는 텔레그램의 음침하고 냄새나는 방들이 아니라 빅테크 기업을 보아야 한다. 스페이스 X의 화성이주 프로젝트나 (오프라인 인간을 온라인에 접속시키는) 뉴럴링크 사업에 주목해야 한다.

2025년 현재 뉴럴링크 사업은 흐지부지됐다. 화성이주 프로젝트는 지구 온난화와 반복되는 기후 재앙에 근거한 공포 마케팅의 먹튀 투자 아이템에 가깝다. 머스크가 트럼프에 밀착해 권력을 휘두르는 것은 자신감의 표출이 아니라 불안의 증거다. 내 생각이 과도한 비관주의라고 비판받아도 할 수 없다. 시간이 말해 줄 것이다.

머스크 류의 빅테크 자본가들이 성공한다 해도, 그것이 인류에게 장밋빛 미래를 가져다주지는 않는다. 뉴럴링크가 성공한다 해도 그것은 온라인 자아의 승리가 아니라 그 온라인 자아를 컨트롤하는 오프라인 세력의 승리일 뿐이다. 화성이주 프로젝트가 성공한다면 그것은 지구별에 살았던 인류 종족의 종말을 뜻할 뿐이다.

온라인 세계는 한계에 봉착한 오프라인 세계로부터의 도피처로서 중요하다. 단기간의 대안 노릇을 할 수는 있다. 그러나 투자라는 이름으로 탐욕을 미화하는 희망회로를 내려놓고 보면, 온라인 세계는 오프라인 세계보다 커질 수도 없고, 오프라인 세계를 대체할 수도 없다. 기껏해야 오프라인 세계의 효율을 높이고 외관을 가꿀 수 있을 뿐이다.

그러나 인류는 온라인 세계를 버리지 못할 것이다. 재미있고 간편해서도 그렇고, 오프라인 세계의 탐욕에 봉사하는 거의 유일하게 남은 투자처라서도 그렇다. 니체가 궁금해했던 "인간사회에서 **가장 작고 분할불가능한 원소**"는 **온라인 세계의 무수한 아바타들**로 밝혀지고 있다. 미래세계는 디스토피아를 감추는 겉보기 화려함으로 도배되려고 한다.

2020년 7월 9일
박원순, 또는 독배가 된 페미니즘

2020년은 참으로 시끄러웠다. 코로나 팬데믹이 덮쳤고, 버닝썬 게이트로 궁지에 몰린 승리는 재판을 피해 군대로 달아났다. 조주빈이 체포됐고, 총선거가 있었다. 애국우파(!) 시민들은 문재인의 폭망을 확신했지만, 결과는 정반대였다. 민주당계 정당들은 총 180석이라는 경이적인 의석수를 확보했다. 다수의 4050과 86세대는 한숨을 돌렸다.

그러나 아직 **수소폭탄**이 남아 있었다. 2020년 7월 9일 오후, 민선 3연임으로 최장기 재임중이었던 서울특별시장 박원순이 실종되었다. 그는 10일 새벽 북악산 숲속에서 숨진 채로 발견되었다. 자살이었다. 웬만한 메모보다 짧은 유서가 발견되었다. 코로나라는 기이한 전염병으로 일상의 격변에 시달리던 사람들은 놀라움을 넘어 **해괴함**을 느꼈다.

하지만 그것은 해괴함의 끝이 아니라 시작이었다. 이해할 수 없는 이상한 일들이 꼬리를 물고 일어났다. 실종 전날, 박원순이 성폭력 혐의로 서울지방경찰청에 고소당했다는 보도가 함께 나왔다. 사람들은 또한번 충격에 빠졌다. 급작스런 죽음은 이 피소 사실과 관계있는 게 분명했다(피소가 자살의 원인이라는 게 아니다).

박원순 사건 속보의 충격

고소인은 **김잔디**(가명)라는 20대 여성이었다. 서울시장 비서실에서 박원순을 보좌했고, 당시 다른 부서에 근무하던 공무원이었다. 박원순에게 성폭력(폭행인지 추행인지 희롱인지는 아직 불명)을 당했다고 진술했다. 나중에 국가인권위원회는 성희롱을, 법원은 성추행을 사실로 인정했다. 사람들은 또한번 충격에 빠졌다. 벌써 이게 세 번째라며 …….

2018년 3월 5일 충남지사 안희정, 2020년 4월 23일 부산시장 오거돈, 2020년 7월 9일 서울시장 박원순. 집권여당이자 페미니즘 정당을 자처하는 더불어민주당의 광역자치단체장 3명이 잇달아 미투 고발로 불명예 퇴진했다. 두 명은 구속되어 실형을 받았고, 한 사람은 스스로 생을 마감했다. 더불어민주당은 망조가 단단히 든 것 같았다.

과거엔 보수정당인 새누리당 계열의 나이 지긋한 남성의원들이 성추문에 휩싸이거나 성 관련 실언으로 욕을 먹었다. 성누리당이니 섹누리당이니 하는 조롱도 당했다. 그러나 이제는 커뮤니티에서 더불어민주당을 '더듬어만진당'이라고 놀려도 할 말이 없게 되었다. 한번 실수는 용서해도 두 번째부터는 질책을, 세 번째부터는 처벌을 받는다.

이런 말이 거북하게 들릴 수 있지만, **박원순의 사망 시점은 정치적으로도 절묘했다.** 더불어민주당은 2019년 조국사태로 인해 2030 사이에서 지지율이 떨어지고 있었다. 2020년 4월 총선 결과도 사실 조마조마했다. 결과는 말한 대로 민주당이 미래통합당(국민의힘의 전신)을 8% 앞선 결과였지만, 민주당은 웃을 틈도 없이 몰락이 시작됐다.

총선승리의 기쁨이 채 가시지도 않은 4월 23일, 민주당은 자당 소속 부산시장 오거돈의 성추문 사퇴 기자회견을 지켜보아야 했다. 게다가 오거돈의 성추행은 선거 1주일 전인 4월 7일에 있었던 것으로 밝혀졌다. 피해자도 선거에 영향주는 것을 원치 않아 선거후 사건공표에 동의했다는 것이다. 민주당은 도덕적으로도 의뭉스럽다는 비판에 직면했다.

그 민주당이 다시 3개월도 안돼서 자기낭 소속 서울특별시장을 잃어버렸다. 성추문만 해도 충분히 나쁜데 거기다 자살이라니…… 민주당으로서는 상상도 못했던 악재였다. 물론 진영으로 갈라진 한국정치에서 민주당의 악재는 보수정당(미래통합당)의 호재였다. 어떤 보수계열 유튜버는 박원순이 사망한 숙정문 앞에서 싱글벙글하면서 라이브 방송을 했다.

사법적 종결과 정서적 지속

박원순 사망 사건에는 **내밀한 심리적 컨텍스트**가 있어서, 그것을 이해하지 못하면 사건의 발생 자체를 받아들이기 어렵다. 지금부터 그 컨텍스트를 따라가보려 한다. 이 작업은 고통스럽다. 민주당원이든 아니든, 박원순을 사랑하든 미워하든, 정직한 인성을 가진 사람이라면 누구나 가슴 찢어지는 고통을 느낄 현실에 직면하게 된다.

일단 박원순이 성추문에 휩싸이고 그것 때문에 자살했다는 사실 자체를 믿기 어렵다. 박원순은 사람 자체가 한국 여성운동의 역사였다. 성추행 사건에서 피해자 중심주의의 개념을 도입한 **진성 페미니스트**였다. 그런 그가 성추문에 휩싸일 수는 없었다. 비유컨대 어느 착한 이미지의 연예인이 강남대로에서 돈을 훔치다 현장에서 발각되자 한강으로 달려가 투신자살하는 것과 같은 의미의 사건이다. "그런데 그것이 실제로 일어났습니다."

피고소인이 사망함으로써 사건의 진상을 파악할 기회가 영원히 사라졌다. 게다가 박원순을 고소한 여성은 미투로 안희정을 쓰러뜨린 비서 김지은과 달리 철저하게 자신의 신원을 감췄다. 2차 가해 우려 때문이었다. 실제로 격앙된 박원순 지지자들이 그녀에게 2차 가해로 간주될 만한 행동을 보여주기도 했다. 성폭력 피해자는 조사받을 때 법적으로 가명을 쓸 권리를 보장받는다. 그녀는 그 권리를 행사했다.

고소인은 자신의 피해사실로 "텔레그램을 통해 음란한 사진 전송, 사진 요구, 집무실 내부 간이 침실에서 신체접촉, 회식 때 허리

감기, 어깨동무, 술취한 척 뽀뽀, 집에 데려다 준다며 택시 안에서 추행, 바닥 짚는 척하며 다리 만지기" 등을 제시했다.(김잔디, <나는 피해호소인이 아닙니다>) 물증을 언론에 공개하지는 않았다. 그저 수사기관에 제출했다고만 밝혔다.

박원순 지지자들은 피해자가 성폭력을 당한 증거를 내놓지 못한다고 반발했고, 성폭력 주장이 과장된 것이라고 주장하기도 했다. 초기에 민주당이 피해 당사자를 '피해호소인'이라고 호명한 것도 이러한 혼란 속에서 벌어진 실책이었다. 2022년 피해자는 <나는 피해호소인이 아닙니다>라는 책까지 냈다.

사태를 걱정하던 진보진영 인사들은 "박원순을 애도하되, 피해자와 연대하자. 그리고 애도보다 연대를 조금이라도 더 강하게 하자"는 입장을 정리했다. 그러나 선거법 개정을 놓고 민주당과 갈등을 빚으며 감정이 상했던 정의당과 다수의 페미니스드들은 조문과 애도 자체를 거부하는 극단적 모습을 보였다.

박원순이 평범한 개인이었다면, 그냥 사그러들 일이었다. 각자가 자기만의 스토리를 믿으면서, 상대에게 속으로 욕을 퍼붓다가 잊어버릴 일이었다. 문제는 박원순이 거물이라는 데 있었다. 여성가족부는 처음에 "입장이 없다"고 버티다가 비난여론이 들끓자 지각 사과를 했다. 황망한 죽음 앞에서 애도와 비난이 엇갈렸고, 혼란은 가중됐다.

결국 국가와 사법이 개입했다. 법원은 성추행(2021.1.14.), 인권위는 성희롱(2021.1.25.)을 각각 사실로 인정했다. 박원순은 **국가기관에 의해 성추행 가해자로 공식 인증됐다.** "피해호소인"같은 표현은 사라졌다. 피해자 김잔디에 대한 2차 가해는 박멸될 것 같았다. 그런데 이게 끝이 아니었다. 박원순을 **아끼던** 사람들에겐 앙금이 남아 있었다.

박원순의 생물학적 삶은 끝났고, 그의 명예는 훼손되었다. 피해자 측은 2차가해를 두눈 부릅뜨고 감시하고 있다. 그러나 그와 함께 했거나 곁에서 그를 보아왔던 누군가는 여전히, **박원순은 결코 이 정도로 비난받을 쓰레기는 아니었다**고 느낄 자유가 있다. 인류의 감정 스펙트럼은 그렇게 좁지 않다.

손병관 기자의 용기

박원순을 아끼는 사람들은 2023년 사건을 재조명하는 다큐영화를 제작해서 개봉하려고 했다. 오마이뉴스 손병관 기자의 관련 취재를 모은 책 〈비극의 탄생〉을 바탕으로, "박원순을 믿는 사람들"이라는 단체가 제작했다. 그런데 법원에서 상영금지 처분을 받았다. 개봉에 실패했다. 제작에 참여한 손 기자는 이렇게 말했다:

> 제 책(〈비극의 탄생〉)에 대한 가장 큰 오해가, 박원순 성추행범을 옹호 찬양하려고 한다는 거에요. 아이러니한 것이, 저 박시장 정치인으로서 그렇게 높이 평가 안했습니다. 비판적인 기사도 많이 썼고요. 그런데 책을 쓰고 나서

지나고 생각해 보니까 이런 생각이 들었어요. 박시장을 어떻게 평가하냐는 질문을 받았을 때 그냥 저는, 그렇게 뭐 위대한 시민운동가도 아니고, 그렇다고 뭐 순교자도 아니고, 그냥 남는 인상 하나는, 그냥, 불쌍한 사람. 정말 정말로 약자들, 여성들을 사랑하고, 정말로 그 사람들을 위해서 몸과 마음을 다했는데, 지금 그분을 가장 증오하고, 오해하는 분들이 바로 그분들이에요. 그리고, **박시장이 챙겨주려고 했던 사람들, 그 사람들이 지금 와가지고 박시장 시체를 뜯어먹고 있습니다.** 어찌 보면 박시장은 정말 죽어가면서까지도 이런 대우를 받는구나. 그러면서도 박시장의 운명이 너무 서글프고 그런데, 박시장은 그렇게 오해받을 것처럼 그런 사람이 아니었다. 박시장에게 조금이라도 측은지심을 가진다면은, 이 사건에 대한 그동안에 가졌던 생각은 180두 달라질 수 있다, 이런 말을 좀, 딩부를 드리고 싶습니다. 꼭.

손병관 기자의 목소리에는 간절한 억울함과, 동시에 그걸 억압해야 하는 초자아의 충돌이 느껴진다. 가장 충격적인 부분은 박시장이 챙겨주려고 했던 사람들이 이제는 박시장 시체를 뜯어먹고 있다는 말이다. 도대체 누가 박원순의 시체를 뜯어먹는단 말인가?

손병관 기자는 언급을 피했지만, 문맥상 그들은 박원순 비판으로 돌아선 페미니스트 여성단체로밖에 보이지 않는다. 요즘 2030 남성들이 증오하는 "그 페미들"이다. 일부 남초 커뮤에서는 남성 페미니스트를 '**남페미**'로 호명하고, 비판의 표적으로 삼아 왔다. 그런데 페미니스트들이 그런 남페미 박원순을 비판하고 그의 시체를 뜯어먹는다는 말인가?

그렇다. 오늘날 페미니즘 진영에서 박원순은 **수치스런 배신자**일 뿐이다. 사건 초기부터 대다수의 여성단체는 박원순을 강력하게 비판하면서 손절을 쳤다. 성문제와 관련된 실책이 있었으니 달게 받을 대접이었다. 그런데 도가 지나쳤다. 여성 페미니즘 진영은 사건의 기원과 박원순 실책의 본질을 차근차근 따져볼 냉정함이 없었다.

페미니즘 자체에 대한 책임

박원순의 책임이 없다는 게 아니다. 그는 타인들이 사건의 진상을 확인하지 못하도록 마치 성급한 도둑처럼 자살했다. 그런데 그에게는 가족과 김잔디에 대한 책임 말고도 아주 큰 책임이 하나 더 있었다. 바로 **페미니즘 자체에 대한 책임**이다. 그는 자기가 스스로 설정한 기준에 못미치는 행위를 저질렀던 것이다. 손병관 기자와 박원순의 2018년 인터뷰를 보자:

손병관: 안희정 전 충남지사가 성폭력 고소 사건서 1심 무죄 판결을 받았는데요.

박원순: 이런 사건을 판단할 때는 **감수성**이 굉장히 중요하고,

피해자를 기준으로 해야 해요. 피해자가 성희롱으로 성적 모독감을 느꼈다면 피해자의 관점에서 보는 게 요즘의 보편적 이론이에요. 이번 사건의 경우에도 '업무상 위력'의 객관적인 기준이 분명히 있지만, **주관적 상황에 따라서는 얼마든지 다르게 판단할 수 있다고 봅니다.** 그런 측면에서는 (판사가) 비판받을 대목이 있지 않을까? (손병관, 〈비극의 탄생〉, 275면)

남초 커뮤니티에는 조국의 과거 발언을 찾아 조국의 행실을 비판하는 조롱놀이 **"조적조**(조국의 적은 조국)**"**가 있다. 여기서는 '박적박'이 통한다. 박원순은 성폭력 사건에서 **"성인지 감수성"**과 **"피해자 중심주의"**를 강조하고 있다. 모든 무고한 남성을 잠재적 가해자로 만든다며 남초 커뮤니티의 분노를 사고 있는 그 페미니즘의 논리다.

이 논리에 따르면 2020년 7월의 피소 사건에서 박원순은 유죄를 피해갈 길이 없다. 고소인이 박원순에 대한 성적 모욕감을 느꼈다는 사실은 명명백백하기 때문이다(형사고소가 장난인가!). 박원순이 "내 행동이 그렇게 느껴졌다고?"라고 뒤늦게 자문해도 소용없다. 본인이 "주관적 상황에 따라 얼마든지 다르게 판단"할 수 있다고 말해버렸기 때문이다.

박원순은 문재인보다 훨씬 일찍부터 페미니스트였다. 1993년 한국 최초의 성희롱 사건 소송(서울대 화학과 신교수 성희롱 사건)을 맡아 한국에서 관행적으로 행해지던 남성들의 불쾌한 성적 언행을 최초로 법의 심판대에 올렸다(손병관, 위의 책, 316면). 조금 과장하자면, 성희롱 사건과 페미니즘은 박원순의 알파요 오메가였다.

박원순은 페미니즘의 부메랑에 맞아 자멸한 게 맞다. 그렇다고 페미니즘이 남성을 파괴하는 사악한 사상이라고 할 수만은 없다. 남초 커뮤의 여론은 과도하다. **페미니즘이 게으르고 무능한 자들의 떼쓰기에 악용된 적은 있어도, 그것을 옹호한 적은 없다.** 페미니스트 박원순은 약자 보호의 선의를 가지고 헌신적으로 일했다.

페미니즘이 게으름뱅이의 떼창이라느니, 사유를 검열하고 표현의 자유를 침해하는 악마의 사상(페미나치)이라느니 하는 비난은 끔찍하다. 그러나 이 끔찍한 현실에 도달하기까지 페미니스트들은 무엇을 했나? 이건 너무 긴 이야기라 다음으로 넘긴다. **우선 2020년 7월 9일 전후의 사실관계부터 확정하자.**

피해자 김잔디

나는 지금 언어라는 외줄 위에서 줄타기를 하고 있다. 박원순을 성폭력 혐의로 형사고소한 사람을 호명하는 방법(호칭)을 선택하는 것은 그만큼 어려운 일이다. 실정법으로 시비를 가리는 법정에서는 '피해자'라는 용어가 맞겠지만, 나는 재판관이 아니다. **사법의 한계로 인해 법원의 판결이 최종적 진실과 어긋나는 경우도 많다.**

가장 객관적인 호칭은 성명을 부르는 것이다. 그런데 우리는 고소인의 성명을 알지 못한다. 알 필요도 없다. 아는 사람이 모르는 사람에게 알리면 성폭력범죄처벌법 위반(비밀준수 등)으로 처벌

받는다(SNS에 고소인의 신상정보를 공개한 김민웅 교수는 2024년 대법원에서 유죄판결을 받음). 따라서 여기서는 고소인이 형사소송을 진행하기 위해 선택한 '김잔디'라는 호칭으로 통일한다(형평을 위해 가해자 남성은 직함없이 '박원순'으로만 호명함).

김잔디는 2020년 4월 14일, 서울시청 비서실에서 만났던 선배 남직원에게 성폭행을 당했다(이른바 **4월 사건**). 총선 전날이었다. 며칠 내로 피해 내용이 직장에 퍼졌지만, 서울시는 가해자의 징계를 머뭇거렸다. 그녀는 스스로 문제를 해결해야 한다는 것을 깨닫고 행동을 개시한다(김잔디, <나는 피해호소인이 아닙니다>).

김잔디는 "서울시장 비서실 직원이 동료 여직원을 성폭행했다"는 내용의 보도자료를 작성하여 언론에 배포했다. 그제서야 서울시 측에서는 젠더특보를 통해 트라우마 치유를 위한 의료지원을 해 주었다. 김잔디는 정신의학과를 소개받아 진료를 받았는데, 딤딩 의사는 법률시원이 필요하겠다는 조언과 함께 **김재련 변호사**를 소개해 주었다고 한다.

비밀작전처럼 실행된 형사고소

김재련 변호사는 여성운동계에서는 꽤 알려진 인물이었다. 서지현 검사의 미투사건 관련 변호인단에 잠깐 합류한 적도 있었다(진보진영에서는 김재련 변호사가 의도를 갖고 사건에 접근했다고 보는 시선이 있으나, 확인이 불가능하다). 김잔디는 5월에 김 변호사를 만나 4월 성폭력 사건 관련 상담을 진행했다.

그런데 김잔디는 상담과정에서 외부인이 보기엔 언뜻 이해하기 어려운 행동을 한다. 4월 사건의 전후맥락을 설명하는 과정에서 그녀는 박원순이 자신에게 성추행을 했다고 언급한다. "박원순 성폭력 사건"이 진지한 법적 개입 능력과 의지를 지닌 **제3자에게 알려진 최초의 순간**이었다. 김재련 변호사는 고소를 원한다면 증거를 확보하라고 조언했다.

20대 중반의 평범한 여성공무원이 회식 후에 선배 남직원에게 불의의 성폭행을 당한다. 회사에서는 문제를 축소, 은폐하려는 것처럼 보인다. 이런 상태에서 피해자가 겪을 정신적 위기를 헤아려 보는 것이 사건 전개를 이해하는 데 도움이 된다. 극도의 배신감과 수치심, 억울함을 품은 그녀는 박원순을 성폭력 혐의로 형사고소하기로 결심한다.

고소를 위한 법률적 준비를 마친 김재련 변호사는 여성단체 관계자들에게 지원요청을 한다. 상대는 3선의 현직 서울시장이다. 만만찮은 거물이다. 김 변호사는 박원순에 호의적일 것으로 보이는 여성계에 선제적으로 알리고 협조를 요청한다. 7월 7일, 김변호사는 한국성폭력상담소 이미경 소장에게 다음과 같은 취지로 협조를 요청한 것 같다:

"박원순 시장을 성폭력 혐의로 (내일) 형사고소할 예정입니다. 피해자는 서울시청 비서를 지낸 여성 공무원입니다. 피해자와 상담을 마쳤고, 증거와 증언도 수집되어 있습니다. 협조와 지지를 부탁드립니다.

아울러 보안을 기해 주시기를 부탁드립니다."

그러나 여성단체 내부의 사적 네트워크가 작동해 제보가 서울시 측에 전달된다. 7월 8일 오전, 박원순의 최측근인 서울시 젠더특보 임순영은 불명확한 제보에 대한 확인에 나선다. 박원순에게도 김잔디 측의 움직임(고소가 예상된다는 것)이 전달된다. 박원순은 일정 때문에 밤 9시 이후에야 퇴근했고, 그제서야 최측근들을 호출한다.

이 시각 김잔디는 고소인 조사를 받고 있었다. 그녀는 오후 4시 김재련 변호사와 함께 서울지방경찰청에 박원순 고소장을 제출했다. 조사는 새벽까지 이어졌다. 한편 박원순은 밤 11시 경부터 최측근들과 대책회의를 시작했고, 자신이 김잔디와 성폭력으로 인지될 만한 문제가 있었는지 진지하게 복기해 보았다.

박원순은 이 회의에서 "피해자(김진디)와 4월 사건 이전 문자를 주고받은 것이 있는데, **문제를 삼으면 문제가 될 소지가 있다**"는 취지로 말했다고 한다(한겨레 2020.12.30.). 박원순은 이 7월 9일 새벽 심야회의를 통해 자기 실책(성추행으로 해석가능한 언행을 한 것)을 뒤늦게 깨달은 것 같다. 이날 박원순은 밤을 꼬박 새웠다.

유서의 쓸쓸하고 힘없는 어조

운명의 2020년 7월 9일 오전 9시경. 박원순은 격무로 인해 지난 심야회의에 불참한 고한석 비서실장을 면담한다. "김잔디가 여성단체와 함께 나를 고발하려는 것 같다. 오늘 내일 중으로 언론에 공개될 것 같은데, 그렇게 되면 시장직을 던지고 대처할 예정"이라고 알렸다(손병관, <비극의 탄생>, 330면). 비서실장에겐 청천벽력 같은 소식이었다.

10시 40분, 서울시는 박원순의 오후 일정 취소를 공지한다. 박원순은 이때 등산복 차림으로 공관을 나선다. 북악산 방향으로 향하는 모습이 CCTV에 찍혔다. 시장이 사라지자 참모들의 대책회의가 열렸다. 비서실장은 통화를 시도했고 "와룡공원에 있다"는 박원순의 대답을 들었다. 느낌이 쎄해진 보좌관들은 곧바로 출동해 박원순을 찾아나선다.

고한석 비서실장 이후 박원순과 직접 만나 대화했던 사람은 없다. 왜 박원순은 모든 측근들을 떼어놓고 산에 올라가 혼자만의 시간을 갖고자 했을까? 김잔디와의 관계가 측근들이 왈가왈부할 수 없는 내밀하고 사적인 문제였기 때문이었다(공무관계의 여비서와의 사이에서 그런 빌미를 만든 것은 100% 박원순의 실책이다).

"내밀하고 사적인 문제"가 반드시 중대한 성폭력을 뜻하지는 않는다. 성폭행, 성추행, 성희롱, 성폭력 같은 단어들은 사용자 의도에 따라 사태를 확대, 축소, 은폐하는 도구로 악용된다. 박원순이 여비서를 유린했다고 단정할 근거도 없고, 사소한 일을 비서가 과장한다고 비난할 근거도 없다. **진상은 영원히 알 수 없을 것이다.**

오후 1시 20분, 민경국 비서관은 박원순과 통화를 한다. 박원순은 걱정하지 말라며 전화를 끊는다. 그러나 4분 후 박원순은 임순영 특보에게 텔레그램 메시지를 보낸다: "아무래도 이 파고는 내가 넘기 힘들 것 같다.", "많은 사람들의 지지와 지원을 받았는데, 나의 작은 실수로 큰일이 터져서 너무 힘들다." 특보에게 보낸 메시지가 속내에 더 가깝다.

북악산 숲에서 사람들의 눈을 피해가며 박원순은 자신과 김잔디 간에 있었던 일의 무게를 가늠해보고, "문제삼으려면 문제될 만하다"는 확신을 굳혔다. 전적으로 자기의 실책이었다. 시장직을 사퇴하면 자신의 측근 그룹은 불명예 퇴진하게 될 것이다. 자기 사람들에게 그런 고통을 안겨줄 실책을 자책하며 괴로워했을 것이다.

박원순은 **돈보다 명예를 중시하는 사람**이었다. 칭찬이 아니다. 사후에 밝혀진 그와 가족의 재무상황은 부채만 7억원이었다. 그런데도 각종 상금을 받으면 곧바로 기부했다. 고인에겐 미안한 이야기지만, **아내들이 가장 싫어할 남편 스타일**이다. 톨스토이도 만년에 인세로 번 전재산을 기부하려고 하다가 젊은 아내에게 감금당한 일이 있었다.

박원순이라고 돈 걱정이 왜 없었겠냐만, 그에게는 믿는 구석이 있었다. 반대진영에서 그를 조롱하던 표현은 '**협찬인생**'이었다. 그가 행한 많은 사업들은 자신의 네임밸류 + 선의의 기부에 의존했다. 박원순은 선행을 통해 명예를 쌓아올리기를 원했던 특이한 욕망의 소유자였을지 모른다. 약자(소외계층과 여성)를 돕는 선한 권력이 그의 자기정체성이었다.

그러던 그가 (자신의 페미니즘 신조에 의하면) 약자인 여성으로부터 형사고소를 당했다. 일어나선 안될 일이 일어났다. 죽음이 두렵지 않았을 리 없으나, 극한의 고독 속에서 "한줌 남은 명예가 목숨보다 무겁다"는 결론을 내린 것 같다. 유서에서 **모두에게 죄송하고 감사하다고** 말했지만, **김잔디와 연루된 불명예는 언급하지 않았다.**

박원순은 마지막 순간까지 언론을 의식했다. 곧 박원순 성추행 피소 뉴스가 대한민국이 도배할 것이다. 살아서는 그런 치욕을 견딜 수 없다. 그는 피소보도를 최대한 늦추기 위해 자발적으로 실종의 길을 선택했을지도 모른다. 실제로 피소소식은 실종속보에 밀렸다. **박원순 실종은 17시 53분, 박원순 성추행 피소는 20시에 최초로 보도됐다.**

오후 3시 39분경 박원순의 휴대전화가 마지막으로 잡혔다. 오후 4시, 박원순의 참모들은 행정공무원들을 퇴근시키고 플라자 호텔에 임시 상황실을 마련했다. 측근들도 피소사실 보도를 최대한 늦추기 위해 노력했다. 오후 5시 박원순의 아내가 공관에서 유서를 발견했다. 공관을 나설 때부터 죽음을 거의 결심했음을 알 수 있다.

오후 5시 17분에 박원순의 딸이 경찰에 실종신고를 했다. 경찰은 저녁부터 깊은밤에 이르기까지 북악산 일대를 수색한다.

박원순(혹은 그의 시신)을 찾기 위해서. 박원순은 이 무렵 북악산 숙정문 인근 숲에서 자살한 것으로 보인다. 7월 10일 새벽 0시 5분, 경찰 수색대가 그의 시신을 발견한다. 박원순의 유서다:

"모든 분에게 죄송하다 / 내 삶에서 함께 해주신 모든 분들에게 감사드린다 / 오직 고통밖에 주지 못한 가족에게 너무 미안하다 / 화장해서 부모님 산소에 뿌려달라 모두 안녕"

모든 것을 체념한 자의 **쓸쓸하고 힘없는 목소리**다. 유일하게 감지되는 에너지는, 나쁜 말을 쓰지 않으려는 강한 의지다. 사람들이 가장 궁금해 할 김잔디 성추행 문제는 언급은커녕 암시조차 없다. 보수진영과 여성단체는 박시장이 뻔뻔하고 무책임하다고 비난했다.

박원순은 자기 행동이 김잔디에게 성적 불쾌감을 유발했을 수 있었음을 너무 늦게 깨달은 깃 같다. 정말 놀랍고 대단한 실수다. 박원순이 마초남이 아니라 페미니스트라서 더욱 그렇다. 머리로만 페미니즘을 주장했을 뿐, 박원순 본인도 허들이 높아진 페미니즘을 내면화하지 못한 것이 아닐까?

박원순은 김잔디를 무시할 수 있는 처지가 아니었다. 다만 명시적으로 사과하고 싶지 않았던 것 같다. 자기가 **형사고소를 당할 정도로 큰 잘못을 한 것 같지는 않다**는 억울한 마음이 있었다고밖에 생각할 수 없다. 그러나 억울함을 외부로 표출할 수도 없었다.

페미니즘의 준칙인 피해자 중심주의는 그런 억울함을 용납하지
않기 때문이다.

죽느냐 안티 페미니스트가 되느냐

박원순이 약자의 편에 서기 위해 스스로 수립한 엄격한 기준
은, 자기도 준수하지 못할 정도로 가혹한 것이었다. 그렇다면 정
공법으로 나아갈 수는 없었을까? 김잔디가 받은 불쾌감과 심적
고통에 사과하고, 페미니즘이라는 약자 우선주의를 성급하게 앞
세운 실책을 반성하고, 국민들의 용서를 구할 수는 없었을까?

김잔디에게 성적 불쾌감을 주었던 것을 사과하고, 시장직 사
퇴하고, 페미니즘 손절치고, 유죄 나오면 처벌받고, 과도한 페미
니즘의 해악과 위험성을 경고하는 활동을 하면서 새 인생을 열
어가는 박원순을 상상할 수는 없을까? **안티 페미니스트 박원순**은
상상만 해도 끔찍하다고? 그래도 박원순이 페미니즘에 집착하다
목숨을 잃은 지금보다는 낫지 않을까?

가해자로 지목된 남성의 전형적 행동패턴

박원순 사망은 한국사회에 큰 파장을 일으켰다. 진보정권 최
고위급 정치인의 자살이라는 점에서 노무현 사망과 비슷했지만,
사건을 대하는 대중의 반응은 극명하게 대조됐다. 가족의 뇌물
수수 혐의에도 불구하고 대중은 노무현에게 "의심해서 미안하
다"는 반응을 보이며 뜨거운 추모를 보냈다. 이명박 정권과 검찰의
과잉수사에도 분노를 표시했다.

반면 박원순은 혐의가 확인되기도 전에 전격적(?)으로 자살을 선택했다. 명망가 정치인이 깜깜이 자살로 순식간에 사라졌다는 1차 충격은, 그가 성추행 혐의로 피소됐다는 2차 충격과 함께 국민들의 멘탈을 돌이킬 수 없게 뒤흔들었다. 박원순은 성범죄자 + 자살자라는 불명예를 쓰고 퇴장할 수밖에 없었다.

박원순의 선택은 비록 충격적이지만, **성폭력 가해자로 지목된 남성이 보이는 전형적인 패턴의 하나**일 뿐이다. 남성들은 자신의 성적 문제행동이 외부에 드러나는 것을 막기 위해 필사적으로 움직이고, 발각되면 축소하고 은폐하려고 하며, 공식적 사과는 극렬하게 거부한다. 그 거부는 너무 극렬해서 실직이나 생물학적 죽음조차 받아들인다.

한 남성이 성폭력의 가해자임을 인정하는 것은 수치의 낙인효과를 가져온다. 예민하고 소심한 화이트칼라 직종의 남성일수록 강한 타격을 받는다. 박원순이 그러했다. 그래도 파렴치한 성범죄자는 아니었으므로 자기 안의 페미니즘을 덜어낼 수 있었다면 죽음은 피할 수도 있었을 것이다. 유감스럽게도 그의 사유는 지나치게 낡고 경직되어 있었다.

2021년 4월 7일
이준석, 영리한 관종의 정치

　2021년 서울시장과 부산시장 보궐선거에서 민주당 후보자들이 모두 참패했을 때 사람들은 큰 충격을 받았다. 박원순 사건, 부동산값 폭등이 민주당과 문재인 정부 지지율을 끌어내렸다. 이때부터 민주당이 정권을 잃겠구나 하는 정권교체 이야기가 대세가 되었다. 특히 청년층의 민주당 이탈세가 두드러졌다.

　사회적 약자인 청년층을 배려하는 정당은 민주당이라는 통념에 정작 청년들은 동의하지 않았다. 출구조사 결과 서울시 20대 남성의 72%가 국민의힘 오세훈 후보를 찍었다고 응답했다. 소외받았다고 느끼는 남성들은 민주당이 자기들의 목소리를 대변하지 않는다고 생각하고 있었다. 유감스럽게도 그것은 사실이었다.

　사실 민주당은 할 말이 없었다. 자당 소속인 박원순과 오거돈의 성비위 문제로 치러지는 재보선이었다. 불필요한 시간과 세금낭비였다. 솔직히 면목이 있다면 후보를 내지 말았어야 했다. 그러나 정치적 이유 때문에 결국 원칙을 어기고 후보를 냈다. 그런데 선거 직전에 LH 직원 부동산 투기사건까지 터지면서 민주당에 대한 여론이 바닥을 쳤다.

민주당 인사들도 청년들을 긁었다. 모 의원은 SNS에 "파랑(민주)이 싫어 빨강(국힘)에 투표하면 탐욕에 투표하는 것"이라는 유세 영상을 올렸다. 후보 박영선은 청년층에서의 지지율 하락에 대해 "20대의 경우 역사의 **경험치가 낮아서** 상황을 지금 시점에서만 보는 경향도 있다"고 분석했다. 영리한 사람이라면 선거 때 할 말은 아니었다.

이준석의 멍석깔기, 오세훈의 날로먹기

오세훈의 당선보다 주목할 것은 이준석의 선거유세였다. 선거의 주인공이 오세훈이 아니라 이준석 같았다. 이준석은 설명이 필요없는 인물이다. 서울과학고 조기졸업, 하버드 컴퓨터공학과를 졸업한 닉세남, 박근혜 키즈, 험지를 자처한 탓에 총선 3연속 낙선 …. 그는 오세훈 캠프의 뉴미디어본부장이 되어 혁신적 선거캠페인을 이끌었다.

이준석은 정치인 대신 청년들을 유세차에 태우는 혁신적인 거리유세 방식을 도입했다. 구조적 실업, 코로나 장기화로 인한 알바 자리 감소, 부동산값 폭등으로 인한 **벼락거지 심리**가 청년들의 가슴을 채웠다. 젠더갈등까지 겹쳤다. 연애, 결혼, 출산이라는 정상적 꿈이 짓밟혔다고 느낀 남성 유권자들은 유세차에 올라 분노를 쏟아내기 시작했다.

"저는 27살 취업준비생입니다. 어떤 후보의 말을 빌리면, 경험치 낮은 20대 중의 한 명입니다. 20대가 왜 박영선 후보를 지지하지 않는지 이유를 한번 공유해 드리겠습니다. 이 정부는 ... 태양광, 친환경 뭐 각종 자기들끼리 나눠 먹고, **남는 것은 여러분들에게 나눠줘서 인기만 끌려고 합니다.** 다수와 소수를 나누고 국민들을 갈라치는 정치 ... 건물주, 토착왜구, 부자 이렇게 갈라치는 정치, 분열의 정치입니다. ... 기회는 평등, 과정은 공정, 결과는 정의. 여기 중의 하나라도 지켜지고 있습니까?"

이준석이 판을 깔아 주었더니, 청년들이 알아서 말하기 시작했다. 문재인 정부의 정책에 대한 비판이었다. 청년들은 **정치**는 관심 없어도 **정책**에는 관심이 많았다. 탈원전으로 상징되는 환경정책, 재난지원금이나 기본소득 같은 복지정책, 부유층 과세정책, 대일본 외교정책이 비판받았다. 마지막 비판 대상은 내실없는 슬로건 정치였다.

탈원전 정책은 고도의 과학지식을 요구하는 분야이고, 불확실한 미래를 다루는 문제이므로 비판할 자유가 있다. 그런데 부유층 과세나 대일 강경외교를 "다수와 소수를 나누고 국민을 갈라치는 정치"라고 규정하는 것은 Z세대 남성들에 전형적인 좌파 혐오 정서다. 돈이 들어가는 약자보호 정책에 짜증을 내고, 정부가 부유층을 괴롭힌다고 생각한다.

자기당 강령도 모르는 국민의힘 지지자

특정 정책이 부자와 빈자를 나누고 빈자를 편드는 것으로 보일 수는 있다. 그러나 모든 정책은 국가가 주도하는 인위적 개입이다. 계층적 이해관계에 따라 유불리가 다를 수 있다. "갈라친다"는 말은 특정 계층을 편든다고 비난하는 어휘다. 팩트보다는 의도와 태도를 비난하기에 적당한 말이다. 입장에 따라 그런 표현은 동의하기 어려울 수도 있다.

여기까지는 그래도 괜찮다. 그런데 **"남는 것은 나눠줘서 인기만 끌려고 한다"**는 말은 문제가 심각하다. 팩트오류이기 때문이다. 이 청년은 재난지원금이나 기본소득에 대한 반감을 드러내고 있다. 약자를 인위적으로 돕는 좌파정책이라고 생각해서 그럴 것이다. 그런데 놀랍게도 오세훈 후보의 소속정당인 국민의힘 강령 1조 1항은 다음과 같다:

첫 번째 약속 '모두에게 열린 기회의 니라'

1-1 (누구나 누리는 선택의 기회) 국민 누구에게나 건강하고 행복한 삶의 기회를 보장하며, 자율적인 개개인이 넓은 선택의 기회를 가질 수 있도록 다양한 정책을 추진한다. **국가는 국민 개인이 기본소득을 통해 안정적이고 자유로운 삶을 영위하도록 적극적으로 뒷받침하여** 4차 산업혁명 시대를 대비한다. 정치, 경제, 사회, 문화, 자연 등 모든 영역에서 삶의 질과 만족도를 지속해서 관찰하고 개선한다.

연설자 취준생은 국민의힘 강령 첫머리에 기본소득이 **떡하니** 기재돼 있는 이 사실을 알고나 있었을까? 사실 몰라도 상관없다. 한국정치는 애초에 강령 따위로 움직이지 않기 때문이다. 팩트에 취약하고, 혐오정서나 슬로건만 난무한다. 정치인이나 유권자나 마찬가지다. 자기한테 이익이 되면 간단한 팩트도 숨기거나, 비틀거나, 물타기해서 복잡화한다.

공정의 외침, 청년세대의 마지막 동아줄

이준석과 그를 지지하는 청년층은 "2030을 위한 대책 필요없고 그냥 공정하게만 해 달라"고 요구한다. 공정이란 **경쟁과정의 페어** (fair)**한 룰의 집행**이다. "약자를 배려하자, 비정규직을 정규직화하자, 농촌에 보조금을 주자"는 주장은 반칙, 불공정, 좌파정책이 된다. 2022년 1월 20일 국민의힘 청년대변인 박민영은 KBS 방송 연설에서 이렇게 말했다:

> 성별 임금 격차 문제도 마찬가지입니다. 격차 해소에 반대하는 청년이 어디 있겠습니까? ... 하지만 민주당 정권의 해답은 ... 틀렸습니다. 경쟁의 규칙을 뒤흔드는 취업할당제를 도입해서 청년 남성들의 일방적 희생을 강요했을 뿐, ... 어머니 세대 대책은 사실상 없었기 때문입니다. 기성세대의 기득권은 하나도 내려놓지 않으면서, 이대남과 이대녀만 갈라치기하고 있는 겁니다. ... 지금 청년들은 **어차피 모두가 행복할 수 없다면 누가 행복할지를 결정하는 규칙이라도 공정하게 해달라**는 자조적인 절규를 내뱉고 있습니다.

자본주의 사회에서 특권층의 부당한 행태는 어제오늘의 일이 아니다. 내부자 정보를 이용한 주식거래, 토지거래, 세법의 허점을 이용한 부당증여, 각종 투기, 아빠찬스를 이용한 취업세습 등은 큰 문제다. 청년층은 분노의 화살을 **공정경쟁 관리에 실패한 민주당과 좌파들**에게 돌렸다. 조국 전 법무장관은 부패와 특권의 상징이 되어 십자가에 못박혔다.

왜 청년층의 분노는 민주당에만 쏟아지는 것일까? 왜 청년들은 부귀와 특권을 누리며 영원한 코어의 지위에 있는 보수 기득권층의 문제는 외면할까? 민주당은 억울하다고 생각하기 전에 스스로를 되돌아봐야 한다. 문재인과 민주당은 청년들에게 평등, 공정, 정의와 같은 듣기 좋은 슬로건을 주입시켰다. 청년들은 **희망고문**을 당했다. 아무것도 실현되지 않자 청년들은 민주당을 두배로 패대기쳤다.

청년들에게는 보수 코어세력과 민주당에 대한 구별 자체가 없다. 민주당도 똑같은 기득권이라고 생각한다. 조국이 증거 아닌가? 조국은 금수저(사립학교 이사장 아들)에 서울대 법대를 나왔다. 미남이고 허우대까지 좋다. 총각 때 결혼정보회사에 내놨으면 5점 만점이었을 것이다. 기득권 맞다. 그런데 그는 보수우파가 아닌 진보진영에 줄을 섰다.

청년들은 기다렸다는 듯이 쏘아붙인다: "내 말이 그 말이에요!" 진보진영에 섰으면, 사회적 약자를 위하는 척 했으면, 특권을 비판했으면, 삶도 그렇게 살든가 말이다. "왜 딸을 쓰지도 않은 논문의 저자로 등재시키고, 가짜 봉사점수를 만들고, 의전원 장학금을 사바사바해서 받느냐 말이다, 집안에 돈도 많으면서(법원 판결 기준)!" 이렇게 해서 조국은 내로남불의 화신, 진보좌파 위선의 상징이 되었다.

팩트 아닌 정서로 굴러가는 한국정치

MZ들은 성격론으로 좌파를 비판한다. **낙오자, 게으름뱅이, 무능력자, 무임승차자, 루저**가 좌파가 된다고 생각한다. 그런데 조국에게는 이런 통념이 들어맞지 않는다. 사회적 약자층인 장애인, 농민, 외모가 못난 사람은 좌파 성격론이 잘 들어맞는데, 조국에게는 들어맞지 않는다. 강남좌파 조국을 쓰려뜨리려면 새로운 무기가 필요했다. 그것이 바로 내로남불 공격이었다.

사람들은 문재인 정부의 민정수석 조국에게 평등, 공정, 정의를 기대했다. 그러나 조국의 딸은 **불평등**한 기회를 타고났고, **불공정**하게 입시에 임했고, **부정의**하게 의사면허를 취득한 것처럼 보였다. 조국은 치명타를 입었다. 양아치가 길거리에 침을 뱉으면 아무 일도 없지만, 도덕선생이 똑같이 하면 엄청난 비난을 받는 것과 같은 원리다. 조국은 자신과 진보진영의 이미지에 먹칠을 했다.

사람들은 팩트에 신경쓰지 않는다. 조국의 딸이 진짜로 봉사활동을 했는지, 표창장이 진짜로 위조됐는지, 의전원 장학금은 적법하게 수여됐는지 관심 없다. **이야기를 만들어서 이미지를 씌우**

면 된다. 스토리는 검찰이 만들어서 인증해 준다. 대한민국의 코어 기득권 보수세력은 영리하다. 합류를 거부하는 조국 같은 돌연변이를 쓰러뜨리는 병기들을 준비해 뒀다가 필요할 때 하나씩 꺼내 쓴다.

국민의힘은 탐욕스럽고 영리하다. 민주당은 탐욕스럽게 보이면 안된다는 강박이 있다. 인간은 누구나 탐욕스러우므로, 민주당은 하는 짓마다 서투르다. 자기 것을 몰래 챙기다가 들키면 어쩔 줄 모르고 무너진다. 타인과의 비교 속에서 스스로 불행해진 청년층에 만만한 상대는 당연히 민주당이다. 때리면 팍팍 반응하니까 패주는 재미가 좋다.

이것이 한국정치가 **팩트가 아닌 정서로 굴러가는 구조**다. 하지만 표현이 너무 상스러우니 인간행동학의 차원에서 다시 한 번 점잖게 분석해 보자.

계급탈락자들의 부유층 사랑

한국의 MZ들, 특히 청년 남성 다수는 사회적 약자 신세다. 그런데 일종의 사각지대에 놓여 있는 특이한 약자다. 그들의 약자다움은 오프라인에서 잘 보이지 않는다. 쌔끈한 청년 남성은 많지만 "사회적 약자를 자처하는 청년 남성"은 별로 없다는 말이다. 왜 그럴까? 이 문제의 답을 찾는 일은 현재 한국사회의 핵심적 모순을 짚는 일이다.

첫째, 남자들은 생물학적으로 자신의 약자 정체성을 받아들이기 어렵다. 젊은 남자니까 가오도 있고, 밝은 미래를 기대하면서 현실을 잊는다. 그러나 현재 평균의 한국 남성들이 도태되고 있다는 사실은 엄연한 팩트이다. 2010년대 이후의 소비수준 향상이 SNS 비교질과 융합하면서, **상위 10%의 소비수준을 평균으로 간주하는 이상한 올려치기가 국룰이 되어 버렸기** 때문이다.

둘째, "사회적 약자인 청년 남성"이라는 관념은 관습적으로도 잘 수용되지 않는다. 젊은 남자라면 진취적으로 삶을 개척해야지, 사회적 약자 타령이 무슨 말인가? 86세대들이 MZ를 보고 "요즘 남자애들 약해 빠졌어"라고 하는 것은 이런 심리의 표출이다. 하지만 86세대들은 극단적 개인주의, 소비수준의 상향 평준화, 비교질이 약했던 시대를 살았다. 그들의 기준을 변화된 시대에 적용할 수는 없다.

어떤 사람이 궁핍해지면 기존의 경제적 지위를 상실할 수 있다. 사회학에서는 이를 **계급탈락**이라고 한다. 19~20세기의 공장 노동자는 임금인상 투쟁을 통해 가난에서 벗어날 가망이라도 있었다. 실제로 경제성장기에는 많은 노동자들이 가난에서 벗어났다. 그러나 현대사회의 고립된 개인들(저소득 일용직, 폐업 위기의 자영업자, 미취업 청년백수 등)은 계급탈락의 위험을 스스로 감당해야 한다.

자본주의는 사회의 20% 이내 소수만이 성공할 수 있는 체제다. 계급탈락자는 늘 양산되고 결국 무리를 이룬다. 사회학에선

이들을 "몹(mob)"이라고 한다. 뿌리없이 떠도는 **모바일 인간**이라는 뜻이다. 한국말로는 "**계급탈락자 무리**"로 번역된다. 몹은 계급에서 탈락해 자존심의 상처와 경제적 궁핍에 시달린다. 현재 대한민국 MZ 남성들의 다수가 몹으로 전락할 위험에 놓여 있다.

이들 앞에는 두 가지 길이 놓여 있다. 첫 번째 길은 경제적 기득권층을 미워하면서 공격하는 길이다. 전통적 좌파의 길이다. 증세, 토지공개념, 노동자 권익보호, 여성인권 같은 소위 "정치적 올바름"을 향한 길이다. 그런데 MZ들은 이런 방향으로 가지 않는다. 경제적 기득권층에게 밉보이는 것을 두려워한다.

두 번째 길은 경제적 기득권층을 모방하면서 미래를 모색하는 것이다. **MZ들은 경제적 도태를 사회학적으로 분석하지 않는다.** 그들은 여전히 화려한 자본주의 체제 내에서 한 자리를 차지하는 데 관심이 있다. 지도자에게 불평등 해소가 아닌 공정한 경쟁 확립을 요구한다. 민주당은 룰을 공정하게 관리하는 데 실패했다.

계급탈락자라고 해서 무조건 체제를 비판하거나, 자기를 탈락시킨 상류층을 증오하는 건 아니다. 불평등이 심화될수록 상류층과 부자들의 외관은 더욱 매혹적으로 변하기 때문이다. 젊을수록 자극에 민감하다. 상류층의 삶을 엿볼 통로도 많아졌다. 청년들은 살 날도 많으니, 계급탈락자가 되었어도 재진입의 꿈을 잃을 필요는 없다.

가난한 집안 아이가 모두 부자를 미워하는 것도 아니다. 가난할수록 가난하고 무능한 자를 더 미워할 수도 있다. 정치철학자 한나 아렌트도 자본주의 주류세력과 몹이 반드시 적대적인 것은 아니라고 했다. 19세기 영국에서 야심있는 계급탈락자들은 기업가들과 손잡고 제국주의를 실천하러 아프리카로 떠났다(다이아몬드, 금광 채굴, 보어전쟁).

독일도 마찬가지였다. 제1차 세계대전 이후 독일은 **나라 자체가 거대한 하나의 계급탈락자**였다. 1914년까지는 아주 잘 나가다가, 전쟁 때문에 부르주아, 소상인, 노동계급이 동시에 몰락했다. 이때 히틀러가 나타났다. 그는 자본가들과 계급탈락자 무리들이 연대해 사회적 약자(유대인, 호모, 집시)를 공격하고 자존감을 회복할 수 있는 정치구조를 만들었다.

계급탈락자가 선망하는 쌔끈한 스타일

한국은 어떤가? 청년층의 상당수는 실질적 계급탈락자인데, 그들은 자기가 탈락한 사회의 계급질서를 더욱 확고하게 고수한다. 청년층은 좌파이념 일반에 대해 뚜렷한 거부의사를 보인다. 청년층의 대북인식, 대중인식은 최악이다. "약자를 배려하자, 세금을 늘려 소득을 재분배하자, 공공부문 일자리를 정규직화하자"는 좌파식 주장도 배격된다.

청년층의 좌파혐오는 역사사회학적 방법이 아니라 **정서**라는 측면에서 접근해야 한다. 박영선 후보가 말했듯이 "청년들은 역사 경험치가 낮다." 적절하지 못한 타이밍에 했을 뿐, 틀린 말은 아니다. 대신 청년들에게는 **86세대와는 다른 그들만의 역사**가 있다.

한국인들은 1999년 이후 탄생한 온라인 세계를 얼마나 자기화 했느냐에 따라 자기 내면의 역사를 다르게 경험하게 되었다.

이준석은 1985년생, M세대의 전형이다. 생활 밀착형 온라인 인간이고, 컴퓨터 전공으로 전문지식까지 갖췄다. 2021년 4월 7일은 그때까지 그의 인생에서 최고의 순간이었다. 서울시장 선거 승리를 확인한 이준석은 자신의 사진을 언론사에 제공했다. 오세훈의 포스터 아래서 스타크래프트를 즐기는 모습이었다. **쌔끈한 지략가, 영리한 관종**의 이미지를 심었다. 요즘 청년들이 열광하는 것은 이런 모습이다. 좌파들은 흉내도 못낼 일이다.

<오세훈 포스터 밑에서 스타크래프트하는 이준석>

이준석, 게이머 정치인

정치인 이준석은 컴퓨터 게임의 세계관은 물론 게이머의 행태까지 흡수했다. 그는 **정치가이자 게이머**다. 스스로를 "선거중독자"라고 칭한다. 선거에 강하다는 자신감이다. 2021년 서울시장 선거, 2022년 대통령 선거에서 자당 후보를 승리로 이끌었으니, 자랑질할 자격이 있다. 게임도 잘했고, 선거도 잘했다. 자존감이 자기확신으로 변했을 법도 하다.

선거는 정치의 일부이지만 게임의 성격도 짙다. 선거도 게임도 아군과 적군이 분명하다. 최소한의 룰은 있지만 상호간에 거의 무제한의 공격이 허용된다. 미리 기간을 정해두고 싸워 명확한 승부를 본다. 승리한 자는 기뻐 날뛰고, 패배한 자는 고개 숙인다. 감각적이고, 명확하고, 효능감이 즉각적이다. 승부가 계속되면 끝없는 긴장상태가 창출된다.

이런 긴장상태를 오래 유지하기 위해서는 튼튼한 심신이 요구된다. 청년들이 중·노년층보다 게임을 더 잘 할 수밖에 없는 이유다. 현대의 많은 온라인 게임들은 전쟁 또는 경쟁 상황의 그래픽화로 구현된다. 게임도 선거도 전쟁이다. 선거의 무기는 총칼이 아닌 언어라는 점이 다를 뿐이다. 온라인 강점기에는 게임을 잘하는 자가 선거도 잘 치른다.

이준석은 게임에서 언어와 감정을 콘트롤하는 방법을 훈련하고, 선거에서 써먹는다. 그는 사령관 스타일은 아니다. 팀웍을 이뤄

대규모 공세를 지휘하지는 못한다. 오히려 순발력이 탁월한 독불장군 기사에 가깝다. 상대방의 약점을 수집해둔 뒤, 욕이 아닌 **"최고로 기분나쁜 워딩"**으로 어그로를 끈다. 상대가 반발하면 새로운 타격을 이어간다:

> 이준석 국민의힘 대표가 이재명 더불어민주당 대선 후보 페이스북에 직접 찾아가 댓글을 남겼다. 지난 29일 이재명 후보는 자신의 페이스북에 **"어디서든 터져요. 모든 버스, 지하철에 5G 와이파이"**라는 문구가 담긴 게시물을 게재했다. 현재 지하철 와이파이 속도가 이용 빈도에 비해 질이 떨어져 국민 불편을 초래하고 있다며 5G 와이파이 설치를 공약한 것이다. 이준석 대표는 여기에 **"그런데 전월세 가격 왕창 오르고 5G 와이파이 받으면 이득인가?"**라는 댓글을 달았다. 이 후보의 공약을 우회적으로 비판한 것이다. 이 대표의 댓글에는 1,400개에 가까운 좋아요가 달렸다. (인사이트, 2022.1.30.)

이준석은 영리하다. 젊음이라는 조건을 정치판에서 지능적으로 써먹는다. 젊은 이준석이 도발하면 나이 많은 상대방은 기분이 상한다. 이준석은 그걸 노린다. 상대가 흥분해서 무너지기를 기다린다. 상대가 화나 욕으로 반응하면 그걸 다시 조롱한다. 상대가 반응하지 않아도 문제다. 지적당한 팩트를 사실로 인정하는 꼴이 되기 때문이다.

윤석열이 파면되고 2025년 대선일이 공고되었다. 이준석은 출마를 선언했다. 다른 경쟁자는 그의 안중에 없다. 오직 이재명 밖에 보이지 않는다. 2025년 4월 9일 페이스북을 보자. 더불어민주당 이재명 후보를 강하게 의식한 글이다:

> 그가 문간에 와 있습니다.
> 말 그대로 에너미 앳더 게이트(Enemy at the Gates)입니다.
> 한니발이 로마에 다다른 것 처럼,
> 히틀러가 스탈린그라드에 다다른 것 처럼,
> 가까이에 와있습니다
> 로마를 지킨 것은 가장 젊은 스키피오였고,
> 스탈린그라드를 지킨 것은
> 우랄산맥의 젊은 목동 자이제프 였습니다.
> 이겨서 막아내겠습니다.

살다살다 **이준석이 소련 편드는 꼴**을 보게 될 줄은 몰랐다. 자유민주주의 국가에서 선거전의 상대당 후보를 한니발과 히틀러 수준의 외적과 동일시하는 표현은 최악의 갈라치기다. 이준석도 나이가 만 40을 넘었다. 철부지의 소리라고 웃어넘기기 어렵다. 그냥 대선 출마해서 재밌나 보다. 이재명이라는 거물과 맞설 생각에 흥분한 듯하다. 게임을 너무 많이 해서 온 세상이 게임으로 보인다.

스탈린그라드에서 히틀러를 무릎꿇게 한 것은 자이제프가 아니라 강추위였다. 독일군은 욕심 부리다 자멸한 것이다. 이준석은 히틀러를 이재명에, 자기를 자이제프에 비유하고 싶나 보다. **그냥 꿈 깨기 바란다.** 이재명은 윤석열의 사법권 남용에 맞서 3년을 싸웠다. 비유를 하고 싶다면, 그 참혹한 공세를 견뎌낸 이재명이 자이제프에 더 가깝다.

이준석은 평범한 컴퓨터 엔지니어로 살 수도 있었지만, 2012년 박근혜 키즈로 정계에 입문했다. **스마트폰 강점기**(2010년 이후)에 20대를 보낸 최초의 거물 정치인이다. 온라인 게임, 커뮤니티, SNS를 속속들이 아는 최초의 주류 정치인이었다. 오프라인에서 성공했으니 온라인의 음지를 지향할 필요도 없었다. 일베나 디시가 아닌 **펨코** 대통령이 된 것은 어쩌면 당연했다.

문재인에게 폴더인사하는 이준석

2022년 3월 30일, 대통령 문재인은 임기가 한 달 정도 남았다. 윤석열은 당선자 신분으로 우쭐대고 있었다. 그날 서울 조계사에서 조계종 15대 종정 성파 대종사 추대법회가 열렸다. 대통령의 축사가 끝났다. 자연스럽게 하객들이 담소를 나누는 시간이 됐다. 이때 문재인이 한 젊은 남자의 뒷모습을 알아보고 다가갔다.

문재인은 어깨를 툭 치면서 악수를 건넸다. 그 남자는 대통령을 확인하자 즉시 90도 각도의 폴더인사를 했다. 폴더인사의 주인공은 **이준석 국민의힘 대표**였다. 일부 네티즌들 사이에서는 그 지나친 공손함이 약간 충격적으로 다가왔던 모양이다. "권성동은 악수만 하는데 이준석은 폴더인사하네"라는 반응도 있었다.

나는 이준석이 폴더인사하는 모습을 보자마자 10년 전의 일이 떠올랐다.

2012년 5월 8일, 이준석은 국회 앞 빌딩에서 문재인에게 첫 번째 90도 폴더인사를 했다. 당시 문재인은 민주통합당 상임고문이자 국회의원 당선자였고, 이준석은 새누리당 비상대책위원이었다. 왜 폴더인사를 했을까? 5월 7일 문재인의 목을 베는 컷이 포함된 삼국지 패러디 만화를 자기 페이스북에 올렸다가 발각당했기 때문이다.

패러디는 출처 불명이라고 했다. (당연히 모르는척 하겠지) 원작 만화는 조조에게 억류돼 있던 관우가 적장의 목을 베고 돌아와 그 목을 땅바닥에 내팽개치는 장면이었다. 패러디 만화에서 관우는 손수조, 적장은 문재인, 조조의 측근은 이준석으로 바뀌어 있었다. 손수조는 2012년 4·11 총선 당시 부산 사상구에 출마에 문재인과 맞섰던 여성 청년후보였다.

적장 문재인은 매우 검술이 뛰어났기 때문에 촉나라 측에서는 모두 두려워하고 있었다. 이때 손수조가 나섰다. 박근혜 비상대책위원장이 주는 술 한 잔을 마신 뒤 달려가 **문재인의 목을 베었다**. 그리고 이준석 앞으로 문재인의 머리통을 내던졌다. 낙선한 손수조가 당선자 문재인의 목을 벤 것이다. **잔인한 찌질이**의 복수였다:

<문재인 참수 패러디>

이준석의 변명은 이렇다:

"해당 만화가 좀 긴편인데 제가 마지막 부분에 그런 혐오스러운 부분이 있는 것을 확인 못하고 링크를 올렸다가 지적을 받고 황급히 지웠

습니다. 잘 확인하지 못하고 올려서 문당선자의 명예를 훼손한 부분에 대해서 죄송하게 생각하고 있습니다"

이 말을 믿으라고 하는 건가? 무슨 대하 장편만화인 줄 알겠다. 언론에 보도된 만화는 최대 6~7페이지이며, 첫 페이지에서 이미 캐릭터 이준석은 **"문재인의 목을 벨 후보 하나 없단 말이오?"** 라고 말하고 있다. 문재인 참수 장면만 문제고, "문재인의 목을 벤다"는 표현은 아무 문제도 아닌가 보다. 타인의 말은 죽도록 꼬투리잡고, 자기 망언은 그냥 뭉갠다.

이준석이 특별히 잔혹한 인간이라고 생각하지 않는다. 서울과학고와 하버드를 나온 샌님이 사람 한번 때려봤을 법하지 않다. 이준석의 무기는 온라인 키배의 음성 버전을 산출하는 **혓바닥**에 있다. 문재인 같은 거물 정치인의 "목을 벤다"는 표현을 대수롭지 않게 여기는 건, 그가 정치를 온라인 게임의 승부 정도로 여긴다는 것을 뜻한다.

정치를 게임으로 이해하는 이준석의 관종병은 2022년 대선 전략에서 충격적으로 드러났다. 국민의힘은 늘 민주당이 갈라치기 정당이라고 비난해 왔다. 그러나 내가 세상에서 경험한 최악의 갈라치기는 이준석의 **세대 포위론**이었다. 보수화된 2030과 본래 보수였던 6070이 스윗한 4050을 포위해서 쓰러뜨린다는 아이디어였다. 놀라운 것은 그게 성공했다는 거다.

저그와 테란이 프로토스를 포위하는 것도 아니고, 대통령 선거가 무슨 온라인 게임인가? 이런 최악의 갈라치기를 저질러 놓고 누구더러 갈라치기 운운을 하나? 누구나 어떤 정치행위를 **갈라치기**라고 부를 자유가 있다. 그러한 호명이 정당한 것인지 근거 없는 비방인지를 구별할 생각도 하지 않는 게 문제일 뿐이다. 진실보다 공격효율이 중요하다.

나르시스트의 대선 아젠다

2025년 2월 2일 이준석은 대선출마를 염두에 두고 기자회견을 열었다. 연설에서 부정선거 음모론을 반지성주의라고 비판했다. 그러나 이준석 같은 인간이 대선후보가 되는 현실 자체가 반지성주의의 징후다. 이준석의 실존은 신세대 보수라는 정체성과 영리한 관종기질로 이루어져 있다. 머리만으로 성공한 자의 나르시시즘 냄새가 코를 찌른다. 겨우 쥐어짜낸 듯한 정치적 이젠디 몇 개만 살펴보면 금방 삼이 온다:

(1) **연공서열 타파**
(2) 코인규제 완화를 포함한 **최대한의 개인적 자유 허용**
(3) 교육을 통해서 **꿈의 크기를 키워주는 정책**

미국 명문대 이공계 출신 천재 청년의 머릿속이 잘 스캔되어 있다. 정치인의 아젠다가 아니라 실리콘밸리 젊은 CEO의 비전을 보는 느낌이다. 갈등을 중재하는 정치의 사회적 기능에 대한 고민은 전혀 없다. 이준석의 유토피아는 젊은 천재들의 놀이터인 듯하다. 그가 가장 구체적인 피와 살을 붙여 그려낸 한국사회의 미래 비전은 이렇다:

> 적어도 공부 열심히 하고 입바른 소리 하면서 똑바르게 살면, 여느 중산층 가정에 태어나서도 당대표가 될 수 있고, 막강한 권력과 맞서서도 국민들의 선택을 받아서 국회의원이 될 수 있고, 큰 덩어리에 속하지 않고도 새로움을 주장하면서 승부하면 더 큰 역할을 국민들이 맡겨둘 수 있다는 믿음, 그 믿음이 살아있어야지만 대한민국이 더 역동적이지 않겠습니까?

이준석의 자기중심 사고는 중증이다. 대한민국의 미래 비전을 가장 구체적으로 제시해야 할 때 자기 이야기를 하고 있다. 진짜로 아는 게 그것뿐이라 그럴 것이다. 이준석이 자신의 연설에서 소환하는 롤 모델은 케네디, 클린턴, 오바마같은 사람들뿐이다. 이들의 유일한 공통점은 **40대에 천조국 대통령이 된 사람들**이라는 것이다. 갈등 조절에 실패해서 암살당했거나, 성범죄로 탄핵됐거나, PC주의자였다는 사실은 모른 척한다.

이준석은 개인적 성공이 최고의 가치라는 믿음을 지닌 평범한 한국 청년들의 희망이다. 작은 성공을 이루면 더 큰 성공을 향해 나아간다. 성공의 크기를 키우는 것만이 지상과제다. 이준석은

개인적 성공의 화신이다. 경쟁에서 일단 도태했지만 시스템을 비판할 생각은 없는 청년 남성이 꿈꿀 수 있는 최대치의 상징이다. 이것이 이준석 인기의 비결이다.

청년들의 이준석에 대한 기대는 정치인에 대한 기대가 아니다. 성공 스토리에 자기를 동일시하려는 기대다. 그의 비전은 〈갈매기의 꿈〉에 나오는 갈매기 조나단의 꿈처럼 **공허**하다. 조나단은 언제나 비행속도 기록을 깨고 싶어한다. 그런데 왜 그렇게 기록에 집착하냐고 물으면 대답을 못한다. 자꾸 캐물으면 결국 "간지나서?" 정도로밖에 대답하지 못할 것이다.

이준석은 패널 토론, 개별 정치인과의 말싸움에서는 탁월한 능력을 보여준다. 상대의 약점은 짧게 치명적으로 공격한다. 자기의 약점은 팩트를 뭉개면서 숨긴다. 백전백승의 말싸움 기계가 정치를 하고 있다. 세계를 말싸움의 구도로 축소시킨 뒤 상대를 제압한다. 이준석의 정치철학은 **"남초 커뮤니티의 낄낄거림"**이라는 어느 기자의 말은 진실이다.

언젠가 이준석은 "보수의 노무현이 되겠다"고 말한 적이 있다. 선거 때마다 노무현처럼 서울의 험지에 출마했다. 좋은 자리에 집착하는 늙은 쓰레기 보수들보단 낫다. 그런데 이준석의 정치에는 **승리하겠다는 의지와 전략**만 있고 비전과 아젠다가 없다. 그런 것들은 〈조선일보〉 같은 코어 보수세력이 알아서 채워 준다.

지금 생각해 보면 2012년의 삼국지 패러디 만화는 일종의 **오멘**(전조)이었다. 2022년 3월 9일, 이준석은 윤석열이라는 칼로 문재인 정권을 끝장냈다. "재인의 목"을 벤 것이다. 그리고는 21일 후에 조계사에서 목이 붙어 있는 문재인을 만나 폴더인사를 했다. 문재인은 이준석을 보고 웃었다. 이준석이 제정신이 아닌 걸까? 아니면 문재인이 비위가 좋은 걸까?

아이템 잘못 골라 게임을 망친 10대의 멘탈

이준석의 무의식은 남초 커뮤니티의 자연주의 정글 세계관으로 가득차 있다. 이런 부류들은 사과할 줄을 모른다. 자기의 명백한 정치적 과오도 인정하지 않는다. 자기의 정치적 선택으로 고통받은 다수 국민에 대한 미안함도 없다. 윤석열이 한국사회에 저지른 해악은 끝까지 외면하면서, 자기도 윤석열에게 당했으니 피해자라고 강변한다:

> (1) 저는 이미 3년 전부터 **윤석열 대통령이 가진 위험성과 한계성에 대해서 꾸준히 지적해 왔습니다.** 물론 그 과정 속에서 저는 고난을 겪었고 저에게 새겨진 정치적 생채기가 쉽게 지워지지는 않습니다. (2) 하지만 **저는 절대 후회하지 않습니다.** 그 당시로 다시 돌아간다 하더라도 어떤 선택을 할 것이냐 누가 묻는다면 저는 단호하게 같은 선택을 할 것이라고 말씀드릴 수 있습니다. ... (3) 아직도 저에게 가장 **아쉬운 지점**은 그 당시에 더 가열차게 그와

맞서지 못했던 것입니다. 아직 그게 제 못내 아쉬워하는 지점입니다.

이준석은 언어의 마술사다. 위 인용문에도 현란한 언어구사 테크닉이 총동원된다. (1) 자기가 윤석열 당선의 1등공신이라는 사실을 교묘하게 감춘다. 이준석은 윤석열 정권의 배후인 김건희를 비판한 적이 한번도 없다. (2) 자신의 잘못된 선택을 결코 인정하지 않는다. (3) 자신의 정치적 책임을 최소화하기 위해 자신의 선택이 "아쉽다"고 표현한다.

이준석의 정치적 과오는 치명적으로 중대하다. 이준석은 자기가 대통령으로 만든 인간이 불법계엄을 선포하고 국민을 살육하려 했음에도 사과 한마디 하지 않는다. 그냥 "못내 아쉽다"고 한다. **아이템 잘못 골라 게임을 망치고 짜증내는 10대 청소년**처럼 행동한다. 이런 인간이 정치를 해선 안 된다.

많은 청년들은 내가 지금 무슨 소리를 하든 이준석을 지지할 것이다. 이준석이 정신을 차리고 국가 공동체를 위한 대승적 정치를 하는 사람으로 성장할 가능성도 0%는 아니다. 그러니 내가 이준석에 대해 저주를 내뱉을 필요는 없다. 하지만 그대들은 **하멜른의 피리 부는 사나이** 이야기는 한번 더 읽어보기 바란다.

PS. 나는 태어나서 민주당계 정당 이외에 어떤 정당에도 투표

해본 적 없는 4050 스윗남이다. 그러나 나는 문재인이 대통령 취임식에서 "기회는 평등, 과정은 공정, 결과는 정의"를 떠들어댈 때 그의 입을 틀어막고 싶었다. 세상이 그렇게 되지 않는다는 건 사춘기만 지나도 다 알지 않는가. 어렵더라도 조금씩 참고 버티면서, 돌다리도 두들겨 보고 건너듯이, 조금씩 천천히 사회를 개선해 나가자고 말했어야 했다.

청년들에게도 당부한다. 타인의 실패를 보며 낄낄대는 그 웃음을 멈추라. 이준석의 정치적 비전은 문재인의 평등, 공정, 정의보다 더 허황되고 공허하다. 이준석이 훗날 기가 막힌 운을 만나서 대통령이 되는 일이 생기더라도, 그대들이 실패했다고 생각하는 문재인보다 더 철저하게 실패한 대통령으로 남을 것이다. 물론 그대들도 대깨문들처럼 실패한 이준석을 영원히 지지할지 모른다. 그때쯤이면 **현재 대한민국의 신생아들**이 자라서 그대들을 향해 낄낄댈 것이다.

제2부

속살

옛말에 "여자가 한을 품으면 오뉴월에도 서리가 내린 다"고 했다. 그런데 이제는 "좌절한 젊은 남성들이 분 노를 품으면 사회가 황폐해지고 인구가 감소한다"는 속담이 나올 판이다. 다수의 한국 청년 남성들은 구조 적 패배자가 되어가고 있다. 약자와 패배자 정체성은 남싱의 영원한 금기이므로, 그들은 겉으로는 멀쩡한 척한다. 대신 복수와 파괴의 욕구로 자신들의 영혼을 채운다. 그리고 그 욕구를 조롱과 혐오의 언어로 분출 한다.

1999년 12월 23일
군가산점 폐지와 배려상실의 사회

나는 밀덕(밀리터리 매니아)은 아니지만 전쟁사 콘텐츠는 좋아하는 편이다. 러일전쟁 콘텐츠는 언제 봐도 재미있다. 온라인이든 오프라인이든 자료가 넘친다. 〈러일전쟁 이야기〉라는 장편 만화도 있다. 러일전쟁은 제1차 세계대전의 서부전선 참호전의 예고편이었다. 불과 5개월간의 뤼순 공방전에서 일본군 병사 57,780명이 희생되었다(사상자 기준).

러일전쟁은 1904~1905년에 걸쳐 러시아 제국과 일본제국이 중국의 뤼순, 봉천 일대에서 벌인 상륙전과 지상전, 대마도 인근과 동해에서 벌인 해전을 포함하는 대규모 전쟁이었다. 아시아의 소국 일본이 유럽열강 러시아를 꺾음으로써 세계 여론에 충격을 주었다. 강화조약이 체결되고 2개월 후 일본은 대한제국의 외교권을 강탈한다(을사늑약).

러일전쟁과 노기 마레스케 장군

뤼순 공방전은 러시아가 조차한 중국 내 영토 **뤼순항**(현재 중국

랴오닝성 다롄시에 편입)을 일본군이 공격해 **빼앗은** 싸움이다(1904년 8월~1905년 1월). 뤼순항은 요동반도 끝부분의 천연 해안요새다. 청일전쟁 후에 일본군항이 되었으나(1895년), 러시아가 움직여 다시 중국에 반환된다(삼국간섭). 러시아는 이 항구를 1898년 조차지로 삼았다.

일본은 복수를 다짐했다. 영국과 동맹을 맺고 1904년 러일전쟁을 일으켰다. 1차 목표는 뤼순항 탈환이었다. 그런데 쉽지 않았다. 뤼순항은 요동반도 끝의 후미진 만이었고, 주변의 고지들이 항구를 병풍처럼 두르고 있어 바다 쪽에서 상륙이 거의 불가능했다. 러시아는 고지에 설치해둔 대포로 상륙군을 쏘아 맞추기만 하면 되었다.

일본육군은 뤼순항을 후면에서 포위공격해 해군의 상륙을 돕기로 한다. 이때 육군대장 **노기 마레스케**가 등장한다. 노기는 순박해 보이는 외모와 달리 비정한 사령관이었다. 1차대전 당시 서부전선의 독일-프랑스 장군들처럼 일반병들을 물자처럼 갈아넣었다. 노기의 두 아들도 고지 포위전에서 전사했다. 지금도 203고지 부근 전사지에 비석이 남아 있다.

1905년 1월 2일, 마침내 뤼순항의 러시아군이 항복문서에 서명한다. 일본은 마침내 뤼순항을 손에 넣는다. 그러나 그 대가는 청년 3만 명의 피같은 목숨이었다. 유가족들은 전쟁이 끝나고 일본으로 돌아온 노기를 때려 죽이려고 했다. 그러나 그의 손에 들려 있는 두 아들의 유골함을 보고 몽둥이를 내려놓았다고 한다. 전설같은 이야기다.

　노기는 실제로 너무 많은 장병들을 희생시켰다는 죄책감에 자결하려고 했다. 그러나 낌새를 챈 일왕(메이지 텐노)은 "내가 살아있는 동안 자결은 안 된다"고 명령을 내렸다. 노기는 순종했다. 그렇게 7년이 흘렀다. 1912년 7월 30일 메이지 텐노가 죽었다. 텐노의 장례식이 거행되던 9월 13일, 노기는 아내와 함께 자결한다.

　노기는 냉혈한 같으면서도 책임을 아는 캐릭터였다. 충성심을 위해 책임을 연기했을 뿐, 결코 잊지 않았다. 나는 MZ들과 달리 **일본이 발작버튼인 5060세대**에 속한다. 그런 내가 봐도 노기의 이런 면모는 가슴을 울린다. 특정 세대 공통의 편견은 일시적 안정감을 주지만, 세계의 실상을 알려면 그런 편견을 넘어서야 한다.

러일전쟁과 내무반, 생활관의 기원

　러일전쟁은 오늘날 대한민국 장병들의 18개월간의 생활환경의 원형이 마련된 사건이기도 하다. 근대국가의 **징병제**는 생활공간의 폭력적 변경을 겪는 다수 집단의 공통 체험을 산출한다. 러일전쟁 징집병들은 일본 각지의 농촌에서 차출돼 이름모를 땅에서 싸워야 했다. 그들의 유골 중 일부는 아직도 중국 뤼순고지의 땅 속에 묻혀 있다.

　이 병사들은 전투 사이의 휴식이나 수면시간을 어떤 시설에서 보냈을까? 시설이랄 것이 없었다. 대충 땅을 파고 노숙하거나,

보급이 있으면 군용천막을 치거나, 시간여유가 있으면 임시 막사를 짓고 잤다(보급이 넉넉한 미군은 표준화된 자재를 이용해 실내생활이 가능한 바라크barrack를 짓고 비교적 쾌적하게 지낸다).

러일전쟁 이후 참모진은 적의 포격으로 인한 손실을 최소화할 방안을 숙고한다. 병사들을 중대(100~250명)나 소대(35명 내외)보다는 하사관을 장으로 하는 분대(10명 내외) 단위로 생활하게 하는 것이 병력손실을 줄였다. 1908년 일본군은 〈군대내무서〉를 증보했다. 여기서 병영 내에 거주하는 하사관을 반장으로 하는 시설을 '내무반'이라고 칭했다.

군인은 군대에 놀러온게 아니므로, 실내에서 지내는 것도 일종의 근무여서 '내무內務'라고 한다. 내무반은 국어사전에 "병영 안에서 사병들이 내무생활을 하는 조직의 단위. 또는 그들이 기거하는 빙"이라고 되어 있다. 2006년부터는 '생활관'으로 이름이 바뀌었다. 내무반이든 생활관이든 일종의 방이다. 1996년의 한 내무반의 모습을 보자:

연대본부 수송부였습니다.
96년 화천 7사단 3연대본부였는데, 무지 긴 단층짜리 건물 형태죠.
수송부가 본부중대 밑의 1소대였고 2소대가 참모, 3소대가 통신 뭐 이랬었고 **저희는 소대인데 인원이 현재원 기준 항상 70명 정도 됐습니다** ㅋㅋㅋ 미치는 규모죠.
근데 정작 소대장도 없어요.

수송부 내려가면 준위 수송관님하고 원사 정비관님 계시긴 해도
거긴 수송부 업무 관련해서만 담당하시고 수송부는 1분대가 중차
량, 2분대가 5/4톤 닷지, 3분대가 짚차 및 정비병, 수송부 행정병
들로 나뉘어서 각 분대장들이 15~20여명씩 실질적으로 병력 관
리하고 통제하고 다 했었네요.

지금 생각해 봐도 특이했음. (인용: MLB 파크)

한 내무반, 그러니까 한 방에서 70명이 지냈다는 말이다. 믿
어지지 않는다면 아래 그림 〈과밀한 내무반〉을 보라. 다음 그림
〈내무반 내 기합받는 모습〉은 더 충격적이다. 내무반 인원들이
기합(벌)을 받는 모습인데, 모두 침상 아래로 기어들어가 엎드린
자세로 식판밥을 먹고 있다. 중앙의 기괴한 모습은 머리를 박고
버티는 기합(원산폭격)이다. 침상 위에서는 고참병들이 누워 자거나
쉬고 있다.

〈과밀한 내무반〉

<내무반 내 기합받는 모습>

사진들을 보고 있으면, 군대라는 곳이 어떤 환경일지, 어떤 불편함이 있을지, 좁은 공간에서 사람들이 빚는 갈등의 크기와 질이 어떠할지, 사고가 일어날 경우 어떤 파괴적 결과가 가능할지 등을 쉽게 짐작할 수 있다. 육체직, 징신직 폭력과 수치, 성욕에 몸부림치는 젊은 육체들의 부딪침, 무기를 소지하는 데서 오는 끝없는 긴장 …….

독박징병, 국민인 남자의 복무의무

대한민국 병역법은 1949년 8월 6일 제정시부터 복무의무를 "국민인 남자"로 한정했다. **남성에 대한 통념적 성역할에 기반한 입법취지가 최초로 의심받은 것은 2006년**이었다. 1981년생 남성이 현역병(카투사)으로 입대하면서 병역법이 평등권을 침해한다고 헌법소원을 제기했다. 2010년 11월 25일 헌법재판소는 청구를 기각했다(2006헌마328).

　　군가산점 논란은 좀더 일찍 시작되었다. 제대군인 지원에 관한 법률(1998.7.1.) 제8조는 일부 채용시험에서 **제대군인 가산점**을 인정했는데, 1998년 이화여대생 5명과 (군복무가 불가능한) 장애인 남성 2명이 헌법소원을 제기했다. 법률이 **평등권과 공무담임권 침해**했다는 주장이었다. 1999년 12월 23일 헌법재판소는 이 청구를 인용했다(98헌마363).

　　군가산점 폐지 결정에는 이유가 있었다. 1998년부터 IMF 사태의 여파로 공무원시험의 경쟁률이 치솟았다. 가산점을 받는 군필자(남성)가 절대적으로 유리했다. 여성과 장애인들이 불만을 갖는게 당연했다. 그런데 문제가 있었다. 헌재의 군가산점 폐지 결정이 "군복무는 남성의 당연한 의무이므로 보상은 부당하다"는 메시지로 오해되었던 것이다.

　　군복무는 남성만 짊어져야 하는 당연한 의무가 아니다. 징병제가 없는 나라들도 많고, 양성징병 국가들(이스라엘, 노르웨이)도 있다. 남성 독박징병 조항은 헌법(최상위법)이 아닌 병역법(하위법)의 규정이다. 원칙적으로는 다툼의 여지가 있다. 군복무자에 대한 모든 보상이 부당한 것도 아니다. 많은 국가들이 여러 방식(취업지원, 의료혜택)으로 군필자를 우대한다.

　　여성분들은 혹시 **'독박징병'**이라는 말이 불편한가? 한 가지만은 분명히 하자. 국방은 남성들의 희생으로 유지돼 온 공공 서비스다. 무심결에 이걸 무료라고 생각한 여성들이 다수 있었고, 지금도 없지 않다. 이런 생각은 남성들의 마음에 상처를 준다. 남자들이 말을 안할 뿐이다. **군필자를 존중하고 감사하는 마음은 배려이기 전에 인간에 대한 예의다:**

> 미국은 고교 졸업식에서 학교를 빛낸 졸업생을 소개할 때 맨 먼저 자원입대하는 졸업생을 호명하고, 이어 수석 졸업생, 학생회장 등을 호명한다고 합니다. 저는 미국 연수 중 귀국한 앳된 이라크 참전 용사에게 주민들이 나이에 관계없이 경의를 표하며 악수를 청하는 것을 직접 목격했습니다.
>
> 제대 군인에 대한 예우를 강화하자고 하면 "군대 간 것이 벼슬이냐?"고 비아냥거리는 분들이 꼭 있습니다. 군대 간 것 벼슬 맞습니다. 어떤 벼슬보다 소중하고 귀한 벼슬입니다. 우리는 언제 죽을지 모르는 군인들의 목숨을 담보로 평화롭게 살고 있음을 잊지 맙시다. 존경은 못할지언정 모욕은 주지 맙시다.
>
> 현역 군인과 제대 군인은 국가 유공자입니까? 아니면 적선 대상자입니까? 국가에 대한 헌신은 존경과 예우를 받아야 합니까? 아니면 동정이나 무시를 해도 그만인 것입니까? 목숨을 내놓고 국가를 지킨 분들이 유공자가 아니면 도대체 누가 유공자가 될 수 있습니까?
>
> – 더불어민주당 김병기 의원 페이스북에서

현재 20대 남성들, 병역을 치를 10대 남성들은 한국경제가 풍요롭지 않았던 시절을 모르는 세대다. 가정에서도 대부분 독방을 쓴다. 이런 세대에게 수십 명이 공유하는 생활관에서 1년이 넘는 시간을 함께 숙식하도록 강제하는 것은, 군인 생활이 요구하는 긴장과 책임을 감안하더라도 그 자체로 대단한 희생이자 도전이다.

키 작은 남자는 루저

2010년 이후 젠더 분쟁이 첨예화되면서, **군가산점 폐지 결정은 남성 역차별의 시초**가 되는 사건처럼 기억 속으로 다시 소환되었다. 남초 커뮤니티는 **"가산점이 왜 필요한지 모르겠다"**는 어떤 여성의 인터뷰 사진을 캡처해 놓고, 그녀의 외모를 비하하며 조롱했다. 게다가 **'루저녀'**와 **'군살녀'**의 등장은 남성여론을 여성혐오의 방향으로 견인하기 시작했다. (루저녀는 루저인 여성이 아니라 아래에 설명하는 "루저녀 사건"의 주인공을 가리킨다)

2009년 11월 9일 KBS 예능 〈미녀들의 수다〉에서 어느 한 **한국인 여대생**이 "키작은 남자는 루저라고 생각한다"고 발언했다. 자기는 키가 170cm이므로 남자는 깔창 빼고 180cm은 돼야 한다고 했다. 유명한 **"루저녀 사건"**이다(나무위키에서는 "루저의 난"이라고 함). 게스트들이 탄식했다. 시청자 항의가 속출했다. 제작진은 사과했고, 프로그램은 망했다.

다른 한국인 여자 출연자들도 "남성들의 데이트 비용 부담은 초기투자로 생각해야 한다", "여성은 데이트를 위해 머리부터 발끝까지 돈을 들인다. 데이트 비용을 남자가 대는 것은 당연하다"는 식으로 속내를 드러내 버렸다. **한녀**(한국여자의 멸칭)**들의 멘탈**이 고스란히 폭로되었다. 그녀들은 대만과 독일 여성 출연자들의 빈축을 샀다.

이 프로그램에서 한국인 여성 출연자들은 키, 미모, 몸매라는 신체자산 기준으로 상위권을 선별해 출연시킨 듯했다. 그녀들은 자신감이 넘쳤고, 발언도 거침이 없었다. 그러나 루저 발언은 한국남성 대부분을 적으로 돌린 역대급 실언이었다. 그녀들의 목소리는 **한국의 잘난 여성들이 지닌 멘탈의 표준**으로 각인되어 버렸다.

사실 공중파가 아니라 사적 공간(술자리나 인터넷 커뮤니티)이었다면, 이 정도 수위의 이야기를 문제삼긴 어렵다. 모 대학 남학생 단톡방에서 발각된 "쟤는 못생겼지만 몸매는 좋으니 얼굴을 수건으로 가리면 되겠다"는 식의 메시지는 훨씬 심각한 외모 품평이다. 역겨울지언정 거기에는 동물적 본능의 불편한 진실이 포함돼 있다.

잘난 자들의 정글과 자연법칙

"루저녀 사건"이 벌어진 지 10년이 흘렀다. 또 한 명의 남성이 그녀를 기억으로 소환했다. 2019년 8월 16일 **한강 몸통살인 사건**의 범인으로 자수한 장대호였다. 그는 모텔에서 반말하며 행패를 부린 투숙객을 살해하고 사체를 절단해 한강에 버렸다고 했다. 그의 범행은 단순한 살인이 아니라 진상응징으로 해석됐다. 피살자가 중국 출신(조선족)임이 밝혀지면서, 장대호에 대한 숭배 분위기마저 생겼다(롱빅타이거, 빅타이거좌).

장대호는 일베 유저였고, 162cm의 단신이었다. 그에게는 글 재주가 있었고, **루저녀 사건**을 잘 기억하고 있었다. 옥중에서 〈80년생 장대호〉라는 자필 회고록을 남겼는데, 거기에 〈키작은 남자는 루저〉라는 글이 있다. 내용이 어떨까? 단신에다 일베까지 하는 인간이니 루저 사이코일 거야. 쌍욕이나 퍼부었겠지. 사실일까? 확인해 보자:

> 당시 그녀의 발언은 나처럼 키가 작은 다수의 한국 남성들을 자극했지만, 정작 키 162cm인 나는 그다지 기분나쁘지 않았던 기억이다.
>
> (…) 그녀의 발언은 (…) 어찌보면 그냥 **그녀의 취향을 조금 과격하게 표현했던 것뿐**인데 지금까지 **루저녀**라는 딱지를 붙여 그녀를 욕하는 남성들이 적지 않다는 것은, 열등감이 분노로 뒤바뀌면 얼마나 집요해지고 무서워지는가를 단적으로 보여주는 예이다.

장대호는 단신 남성을 비하한 여성을 오히려 감싸고 있다. 일베는 조롱과 증오의 커뮤니티로 알려져 있는데, 일게이(일베 유저) 장대호는 그녀를 조롱이나 증오의 대상으로 보지 않는 것이다. 여기서 알아야 할 것이 있다. 일베는 막무가내로 증오를 배설하는 온라인 패륜집단이 아니다. **2010년 이후 청년 남성들에 만연한 루저 정서와 자연법칙적 세계관이 일베의 이데올로기다.** 그 세계관의 배경 스토리는 명료하고 탄탄하다.

> 클럽을 가는 사람들 다수는 이성관계에 대한 환상을 품고 한껏 멋을 부려 가는 경우가 대부분이므로 마치 그곳은 **원시시대의 본능 따라 계급과 서열이 매겨지는 승자독식 구조**를 보여준다.
>
> 못생긴 여자와 키작은 남자는 돈만 쓰고 나와야 하는 그런 곳. 그대는 과연 정글에서 몇 등급을 받을 수 있는가.
>
> **불리한 경쟁에는 참여하지 않는 게 이기는 것일 수도 있다.**
>
> (장대호, 〈정글의 법칙〉)

일베는 약자를 타겟삼아 최대치의 강도로 조롱하고, 거기서 가학적 웃음을 유발한다. 일베의 타겟은 연약한 권력자, 떼법이나 쓰는 못생긴 페미만을 향한다. **키작은 남성을 비하하는 장신의 여성은 일베의 공격 타겟으로 부적합하다.** 오히려 "키작은 남자는 루저"라고 발언한 여성과 일게이(일베 유저)들은 상호 연대가 가능하다. 〈키작은 남자는 루저〉라는 글의 또다른 부분에서 이 사실은 충격적으로 확인된다:

> 나는 서른살 이전까지는, 비오는 날이면 우산을 전부 여자에게 가도록 들고 내 몸은 비에 다 젖어가면서까지 여성을 최우선으로 배려하던 남자였다.

세상천지 여자 때리는 놈을 제일 쓰레기로 여기면서 학교에서나 회사에서 늘 여성들을 위해 힘을 쓰고 궂은 일을 도맡아 했다.

그러나 고백하면 차이기 일쑤였고 여자친구는 생기지 않았다.

그러다 **루저녀 사건**이 터졌고, 그때서야 나는 그동안 내 주변 여자들이 나를 어떻게 생각하고 있었는지 알게 되었다.

그녀들은 나를 남자로 취급하지 않고 있었던 것이다.

더 충격적인 것은 나의 힘이 작은 키에 비례하여 자신들보다 싸움을 못할 것이라 생각하는 여자들이 다수 있었다는 점이다.

이때 깨달았다.

여성들은 남자가 자신과 키가 비슷하거나 작으면, 자신들보다 힘이 없는 존재로 여기고 무시한다는 것을.

이걸 깨닫고 나서 나는 **여자들이 왜 나쁜 남자가 좋다 하는지**도 이해할 수 있게 되었다.

그래서 그때부터 나는 나쁜남자가 되기로 마음먹고 여자들을 남자 대하듯이 하고 다녔다.

그랬더니 신기한 일이 벌어졌다.

내게도 여자친구가 생기기 시작한 것이다. (장대호, 〈키 작은 남자는 루저〉)

"키작은 남자는 루저"라고 말하는 여성의 이상향에는 정글의 법칙이 통용된다. 정글에서는 **키 크고, 잘 생기고, 민첩하고, 예쁜 동물들**이 풍요롭게 살아간다. 그것은 일베가 꿈꾸는 세계다. 일게이들은 온라인에서는 그러한 세계의 일원이 될 수 있다. 약한 자들을 짓밟는 놀이를 즐기며 삶의 에너지를 얻는다. 병든 사람들인데 그 수가 너무나 많다.

장대호는 키 162cm의 남자가 일베의 세계관을 체득함으로써
자신감을 얻는 심적 메커니즘을 잘 보여준다. 그는 마스터키로
문을 따고 들어가 잠든 피해자의 뒤통수를 둔기로 쳐서 살해했
다. 자기의 살인을 "흉악범이 양아치를 죽인 것"이라고 코멘트
했다. **나쁜 남자**다웠다. 일게이들이 그에게 열광하는 데는 이유가
있다.

"키작은 남자는 루저"라고 발언한 여성은 상황이 복잡해졌
다. 장대호는 그녀에게서 신비한 깨우침을 얻었지만, 모든 남성
들이 장대호처럼 쿨하지는 않았다. 그 발언은 키 180cm 이하의
모든 한국남성을 적으로 돌리는 치명적 실수였다. **"루저녀 사건"**
은 일베뿐 아니라 거의 모든 남성들에게 2010년대 여성혐오의
시대로 나아갈 하나의 발판을 제공했다.

군대모독과 여성혐오의 기원

2010년 7월 24일, 여성혐오의 연료가 될 또다른 실언이 터졌
다. EBS의 여성 강사가 남성과 여성의 언어 차이를 해설하면서
"군대는 살인 배우는 곳이다", "여성이 아이를 낳으면 남성은
죽이는 법을 배운다"는 식으로 설명해 물의를 빚은 것이다. 수업
재밌게 해보려고 친 드립이, **독박징병으로 억울해하던 남성들의 발작
버튼**을 눌러버렸다.

남자들은 군대 갔다 왔다고 좋아하죠. 그죠. 자기 군대 갔다왔다고 뭐 해달라고 맨날 이러잖아, 떼쓰잖아요. 그걸 알아야죠. 군대 가서 뭐 배우고 와요? 죽이는 거 배워오죠. 여자들이 그렇게 힘들게 낳으면요. 걔넨 죽이는 거 배워 오잖아요. 그게 뭘 잘했다는 거죠? 도대체가? 자, 뭘 지키겠다는 거죠? 죽이는 거 배워오면서. 걔가 처음부터 그거 안 배웠으면 세상은 평화로워요.

이 발언은 마치 기다렸다는 듯이 공격의 표적이 됐다. 디지털 조선일보의 1면을 장식했다. 군면제자 대통령까지 군의 사기를 꺾지 말라고 경고하고 나섰다. 강사는 멘탈이 제대로 나갔다. 일생 최대의 위기를 맞았다. 사과문을 올렸고, EBS 강의에서 하차했다. 그녀의 기존 강의들까지 모두 삭제됐다.

강사로서는 억울한 면이 있었을지 모른다. 흥미 유발을 위해 자극적 말투를 선택했다고 변명하고 싶었을 것이다. 내 생각에도 진지한 발표나 토론의 자리였다면 결코 저런 말투를 쓰지 않았을 것 같다. 그러나 군가산점이 떼쓰기라는 인식, 군대의 목적이 살인이라는 언급은 강사의 평소 생각의 반영이다. 군대에 대한 무관심에서 비롯된 구조적 무지다.

군가산점 이슈는 남성의 떼쓰기가 아니다. 군복무는 국민의 의무이자 공동체를 위한 헌신이다. 군가산점 이슈는 군복무의 수고에 대해 공동체 차원에서 감사하는 방법을 찾아가는 과정에서 생긴 것이다. 군대의 목적은 살인이 아니라 국방이라는 공공 서비스의 제공이다. 그 여강사(군살녀)도 본인은 잊고 있었겠지만 그 서비스의 수혜자였다.

군살녀의 등장이 불길했던 것은 젊은 남성들이 이런 의문을 품도록 만들었기 때문이다: "2년간의 세월, 수십명의 낯선 남자들 과 같은 방바닥에서 취침하는 열악한 환경을 견디면서, 오직 공동체 를 위해 (때로는 억지로) 봉사하는데, 그 수고의 가치를 알아주기는커녕 비난과 조롱을 앞세우는 여성이라는 인간 범주는 도대체 우리에게 무엇인가?"

성재기 대표와 남성연대

모든 여자가 군대를 비하했던 건 아니다. 그러나 **다수 여성들이 군대 이슈를 가볍게 여긴 건 사실**이다. 일부일지언정 젊은 남성들이 여성 일반에 대한 반감을 공개적으로 표출하기 시작한 것은 이 무렵이었다. 고故 성재기 대표의 여성부 폐지 운동본부(훗날 남성 연대)가 이러한 움직임의 선봉에 섰다(2006.11.26.).

성재기 대표는 대다수 청년 남성들의 소외된 목소리를 들을 수 있는 예민한 귀를 지닌 사람이었다. 그가 선봉에 선 덕분에 남 성들도 비로소 "우리도 차별받는 존재일 수 있다"고 발언할 용 기를 얻었다. 그가 자기 주장을 알리기 위해 전략적 어그로를 선 택한 적은 있지만, 그의 메시지는 진지하지 않았던 적이 없었다.

성재기 이전에 공개석상에서 이런 발언을 할 수 있는 사람은 아무도 없었다:

> 야동 보셨습니까? 야동보고 자위해 보셨어요? (…) 야동 애니(성인용 만화영화)가 남성들의 성충동을 증폭시켜서 성범죄의 원인이 된다? 무식한 소리 하지 말란 말입니다. [한국의] 여자들의 노출조차도 남자들의 성충동 원인이 안 된다고 하는 나라입니다. 여자들의 노출도 성충동 성범죄의 원인이 안 되는데, 야동 애니가 성범죄의 원인이 돼요? (…) 이건 남자를 몰라도 너무 모르는 얘기 아닙니까. (…) 저도 야동 봅니다. (…) **야동이 말이에요. 남자들의 성욕을 그 자체로 완화하고 해소하고 배설하는 수단이란 말입니다.** 야동이 남자들 성을 더욱더 증폭시켜서 성욕을 강화하고 새로운 성폭행 대상을 찾아다닌다고요? 소설 좀 쓰지 마세요. (2012.11.12. 최민희 민주통합당 국회의원 주재 의원회관에서 열린 아청법[아동청소년의 성보호에 관한 법률] 개정안 마련을 위한 토론회에서 성재기의 발언)

당시 아청법의 쟁점은 제2조 5항 아동청소년 음란물의 정의에서 "아동청소년으로 인식되는 표현물" 구절을 삭제할지 여부였다. 실제 인간뿐 아니라 가상인물, 애니메이션까지 법률의 적용 대상에 포함시킬 경우 만화나 게임의 소지만으로도 높은 형량을 받고 전과자가 될 우려가 있었다. 실제로 법안 통과 후 경찰의 검거 건수가 급증했다.

성재기는 "아동이 성충동을 증폭시켜 성범죄를 일으킨다"는 주장의 논박에만 열중했다. 가중처벌 대상을 표현물로 확장하는 아청법의 독소조항을 논박하는 논리로는 불충분했다. 그러나 자기도 야동보고 자위한다는 고백(?)까지 해가며 남성들을 대변하려는 그의 모습은, 청년 남성들에게 깊은 감명을 주었다. 성재기는 레전드였다.

성재기는 남성인권 향상이라는 **새롭고 낯선 사회적 가치에 헌신한 신유형의 투사**였다. 그의 남성연대는 성장일로를 걷던 한국의 페미니즘에 대한 최초의 유의미한 백래시(강한 반발)였다. 성재기와 남성연대는 재정난에 시달렸지만, 정부지원을 받으려면 여성가족부의 관리감독을 받아야 한다는 것을 알게 되자 지원금 신청을 포기했다.

성재기 대표는 2013년 7월 26일 마포대교에서 투신했다. 구명조끼도 착용하지 않고 21m 높이에서 급류에 뛰어드는 것은 누가 봐도 자살행위였다. 그러나 그는 남성연대 홈페이지에 공지글을 올려 **후원금 모금을 위한 퍼포먼스**라고 주장했다. 그는 살아 돌아오지 못했다. 시신은 3일 후 서강대교 인근에서 발견되었다. 향년 45세였다.

성재기는 생리휴가 반대와 같은 명백히 부당한 주장도 많이 했다. 그러나 **디테일보다 트렌드**에 주목해야 할 때가 있다. 성재기와 남성연대는 돌발적 광기가 아니었다. 변화의 징후였다. 여성 인권의 신장 속에서 군대혐오가 대수롭지 않게 표출되는 현실에 대한 신세대 남성들의 분노가 성재기라는 독특한 운동가를 낳은 것이다.

성재기는 거칠었지만 극악한 사람은 아니었다. 여성들이 대접받는 만큼 차별받는 남성들에게도 관심을 기울이라고 촉구했을 뿐이다. 성재기는 2015년 이후에 등장하는 온라인 남초 커뮤니티의 키보드 여혐론자들과 달랐다. 그의 사상은 **귀여운 구석이 있을 정도로 보수적**이었다. 앵커가 저출산과 비혼의 이유를 묻자 성재기는 이렇게 대답한다:

> 저는 일단 여성들한테 문제가 있다고 보거든요. 저는 두 가지 측면에서 봅니다. 먼저 여성들 가슴속에 이해, 믿음, 배려, 사랑, 이런 관념적 가치들이 좀 실종돼 버렸어요. 굉장히 좀 불행한 얘긴데, 왜 실종됐냐 하면 **이 페미니즘, 또 아주 급진적인 페미니즘이 여성들에게 사랑하는 남자를 만나서 결혼을 하고 아이들을 낳아 기르는 것을 행복이 아니라 착취와 억압이라고 가르쳤습니다.** 교과서에서도 배우고, 사회 풍조가 그렇게 돼 있습니다. 두 번째는 또 뭐냐면, 사회가 그렇게 만들고 있는 거 같아요. 요즘은 골드미스라고, 능력있는 여성은 오히려 결혼을 늦게 하거나 안 해도 되는 것처럼 분위기가 그렇게 가고 있습니다. 그래서 이런 사회 분위기도 많이 문제가 되는 거 같아요.

여성에게서 배려의 미덕을 앗아간 책임이 페미니즘에만 있는 건 아니다. 그러나 페미니즘이 남성들에게 위협으로 느껴지고 있는 것은 분명한 사실이다. 일부 여성은 키작은 남자와 남성 장병들에게 모욕감을 줬다. 남성들은 반발했다. 젠더의 쌍방은 배려심을 잃어가고 있다. 82년생 김지영은 여성의 자리에서, 성재기와 동지들은 남성의 자리에서 자기가 더 힘들고 자기가 더 억울하다며 아우성을 치고 있다.

접점을 찾아야 한다. 여성억압의 감춰진 면모를 밝히는 여성학자, 양성평등을 위한 입법의 대리자로서 여성 국회의원도 필요하다. 그러나 우리 사회에는 가슴이 넓고 따뜻한 페미니스트가 너무 적다. **군대를 진심으로 존중할 줄 아는 페미니스트**가 그렇게 어려울까? 그런 세력이 있어야 성재기 같은 남자와도 대화할 수 있다. 성재기는 별종이 아니라 보통의 한국남자다. 성재기가 떠난 후 그의 후배들은 더욱 거친 야수가 되어 버렸다.

2025년 1월 7일

MZ들이 좌파를 이해하는 방식

디시인사이드에서 만난 유나바머

2025년 1월 26일 새벽 0시 39분 43초. 디시인사이드 역학갤러리에 짧은 글이 올라온다. 제목은 〈좌파 지지하는건 불행하다는 뜻임〉. **좌파를 혐오하는 젊은 세대들의 생각**을 번갯불 보듯 빠르게 캐치할 수 있어서 흥미롭다:

    좌파 의제가 때려 부수어라 이상향 건설해라 하는 건데
전제가 불만족이다
    좌파 지지하는 사람은 불행이 원동력임
    막상 때려부수고 자기가 원하는건 이런건 아닌데 하는게
좌파의 행태임
    스스로 불행하다 최면 걸고 있는 사람들이라 가까이해서
좋을게 없고
    특히 여자면 피하는게 상책

좌파의 특징으로 **불만, 파괴욕, 불행한 감정, 부정적 감정 부추기기** 등이 지적된다. 마지막 문장에서는 좌파가 여성성과도 연결된다 (좌파 페미니즘). MZ세대들은 이렇게 좌파를 **정치 이데올로기가 아닌 정서**로 파악한다. 물론 다 그런 것은 아니다. 주제를 진지하게 다루는 마이너 갤러리들도 있다. 그곳에는 다시 특유의 혐오감정과 말초적 언어가 줄어든다. 다음과 같이 좌파를 까기 위해 정교한 이론을 동원하는 유저도 있다:

테드 카진스키의 유나바머 선언문에서 그는 좌파주의를 현대 사회문제의 근본원인 중 하나로 지목하며, 그 위험성과 본질을 상세히 비판한다.

그에 따르면 **좌파주의**는 단순한 정치적 이념이나 사회적 운동을 넘어서, 특정한 심리적 성향과 연결된 행동 양식이다. 그는 좌파주의사가 **스스로를 희생자나 억압받는 자로 보는 경향**이 있으며, 이를 통해 자신의 정치적 의도를 정당화한다고 주장한다.

(…) 좌파주의자가 정의와 평등을 위한 투쟁을 벌이는 것처럼 보일지라도 그 동기는 진정한 도덕적 이상이 아니라 **심리적 불만의 표출**이라고 비판한다.

그는 또한 **과잉 사회화**를 좌파주의와 연결하며, 이들이 사회적 규범을 과도하게 내면화한 나머지 **비판적 사고를 억압하고 자신을 강박적으로 규율하는 경향**을 보인다고 지적한다.

(…) 카진스키는 좌파주의자들이 **정치적 올바름에 집착**하며, **자유로운 사상과 표현을 억압하**는 역할을 한다고도 비판한다. 그는 정치적 올바름이 본래의 취지를 넘어 과도한 형태로 발전하면, 이는 진정한 문제 해결이 아니라 표면적이고 억지스러운 해결책을 강요하게 된다고 본다. (2025.01.07. 00:17, 테드 카진스키 – 좌파주의의 위험성, 디시 기술주의 마이너 갤러리)

카진스키(1942~2023)는 미국의 대학교수(수학 전공) 출신 폭탄 테러범이다. 하버드대학 수학과 출신의 천재였다. UC버클리 수학과 조교수를 2년만에 사직하고 야생생활을 한 기인이었다. 1978년부터 17년간, 16차례에 걸쳐 우편물을 이용한 폭탄테러를 벌였다(3명 사망, 23명 부상). FBI에 의해 '**유나바머**(대학교+폭탄공격자)'로 불렸다. 1996년 체포되어 종신형을 선고받았으며, 2023년 향년 81세로 사망했다.

카진스키 세계관의 기반은 **기술주의적 디스토피아**였다: 현대 인류는 핵무기를 비롯해 스스로를 절멸시킬 수 있는 과학기술에 지배당하고 있고, 개인은 자기의 삶의 통제력을 상실했다. 그는 이것을 "권력과정에서의 소외"라고 표현했다. 산업사회의 인류는 각자의 공간에서 사소한 과업을 해결하는 것으로 권력과정의 경험을 대리 만족시킨다. 그러거나 말거나 자원 고갈과 환경 파괴는 인류의 정해진 미래라는 것이다.

체포 이전부터 카진스키는 특이했다. 검거를 두려워하지 않았다. 자신의 신변보다 자기 사상을 알리는 데에 더 관심이 있었다. 수사기관은 단서확보를 위해 자기 글을 언론에 발표해달라는 그의 요구를 받아들인다. 1995년 〈산업사회와 그 미래〉라는 **혁명선언문**이 주요 일간지에 공개된다. 이듬해 FBI는 끈질긴 탐문 끝에 그를 체포하는 데 성공한다.

카진스키는 산업사회의 기술주의가 인류를 파멸에 이르게 할 것을 우려했다. 기술을 파괴하고 **기술 이전의 사회**(예컨대 원시사회?)로 돌아가자고 주장했다. 즉 그는 근본주의적 성향의 자본주의 반대자였다. 그런데 신기한 건, 〈산업사회와 그 미래〉 앞부분에 "좌파주의의 위험성"이라는 챕터를 마련해 좌파사상을 가루가 되도록 깠다는 점이다.

디시의 2025년 1월 7일 세시글도 "좌파주의의 위험성"의 요약에 불과하다. 카진스키의 주장은 그러니까 디시 유저들의 좌파 비판 논리와 놀랍도록 유사하다: (1) 약자 편들기(또는 편드는 척하기), (2) 사회적 불만, (3) **지들 앞가림도 못하면서 사회 걱정하기**, (4) 정치적 올바름 강요와 표현의 자유 억압.

나는 90년대에 대학을 다녔다. 물론 유나바머의 존재를 잘 알고 있었다. 〈산업사회와 그 미래〉도 숙독했다. 그런데 그때는 유나바머가 "좌파주의의 위험성"을 강조하는 이유가 이해되지 않았다. **산업사회 비판은 보통은 진보좌파의 슬로건**이기 때문이다. 유나바머의 천재성, 밥그릇(교수직) 포기, 은둔생활 같은 기인적 면모 탓인가 싶었을 뿐이다. 그러던 나는 50살이 넘은 이제서야 **유나바머가 좌파를 혐오한 이유**를 알게 되었다.

좌파를 혐오하는 자본주의 비판자들

유나바머가 좌파일 수 없었던 이유는 간단하다. 그는 하버드에서 수학을 공부하고 버클리에서 가르친 천재였다. 수학은 이성의 학문이고, 유나바머는 **이성으로만 이루어진 인간**이었다. 그의 영혼에는 좌파의 감성이 설 자리가 없었다. 감성 기반의 좌파적 사회운동으로 산업문명과 자본주의를 무너뜨릴 수 있다는 생각에 그는 코웃음쳤다.

자본주의를 전복하겠다는 무모한 야심을 품었다는 점에서는 혁명가였다. 그러나 약자들 감성적 연대, 정치투쟁 등으로 자본주의를 타도하려 했던 전통적 좌파와는 뿌리부터 달랐다. 그는 **좌파를 혐오하는 자본주의 타도론자**였다. 이성적 인간의 냉철한 지적 연대를 통해 산업문명을 파괴하는 것이 유일하게 옳은 길이라고 믿었다.

무서워서 입에 담지 못할 뿐, 우리 모두는 기존의 정치경제 질서가 한계에 봉착했음을 감지하고 있다. 일론 머스크는 2025년 3월 28일 폭스뉴스와의 인터뷰에서 "가장 큰 걱정거리가 무엇이냐"는 질문을 받자 테슬라 주가 폭락이나 트럼프발 관세 전쟁이 아닌 "인류의 멸종(the extinction of humanity)"이라고 답했다. 이 시대는 **세계 최고 부자가 자기가 속한 생물학적 종의 멸절을 걱정하는 시대다.**

우리가 믿었던 삶의 최고 원리인 자본주의는 한계에 봉착해 있다. 수학교수 출신의 천재 테러범이라면 상황을 다음과 같이 요약할 수 있을 것이다: "오늘날 인류는 해변의 개미떼와 같다. 산업 자본주의는 그 개미떼를 지키는 견고한 개미집과 같다. 개미집 내부의 생활은 첨단 기기를 활용해 꽤 잘 운용되고 있다. 그러나 이 모든 것을 쓸어버릴 쓰나미는 미중 핵전쟁, 지구온도 급상승, 제2의 팬데믹 등의 형태로 언제 몰려올지 모른다."

유나바머가 자본주의 반대자라고 해서 "우리 편이다!"라고 착각하는 좌파가 있다면 꿈을 깨야 한다. 자본주의의 대안은 사회주의만이 아니다. 중세적 귀속수의, 농본주의, 러시아식 기술관료 과두제 등 얼마든지 있다. 페이팔의 창립자 **피터 틸**은 자본주의적 경쟁을 비판하고 독점시장의 아이템을 찾아야 성공할 수 있다는 이단적(?)인 경영학 강의로 유명해졌다. 그는 현재 자본주의의 끝에서 **신반동주의**(neo-reactionarism)의 비전을 모색하고 있다.

한국은 어떤가? 대한민국은 정치과잉의 국가다. 자본주의를 비판하는 세력은 좌파밖에 없다고 생각한다. 보수우파라는 인간들도 마르크스, 레닌, 스탈린, 김일성의 망령에 지배당하고 있다. 유나바머는 정치적 좌파 진영의 외부에서 자본주의 산업문명을 근본적으로 비판한 최초의 사례였다. 그러나 그에게는 파괴의 아젠다만 있었고, 창조의 비전이 없었다.

일론 머스크도 비슷한 처지다. 세계 최고의 갑부이자 테슬라와 스페이스 X의 오너인 머스크는 좌파일 수 없다. 그런데 그의 얼굴엔 20세기 굴지의 미국 CEO들과 결을 달리하는 우울과 불안이 있다. 좌충우돌하는 그의 불안정한 모습은, 창조의 비전을 찾지 못해 테러라는 자멸적 선택으로 나아간 젊은 시절의 카진스키를 연상시킨다.

비관주의 엘리트들의 세상: 피터 틸과 일론 머스크

카진스키를 움직인 것은 **현대사회에 대한 근원적 불안**이었다. 비대화된 산업 자본주의 시스템이 인간의 통제를 벗어났다는 무력감이었다. 기술문명이 자연 환경을 불가역적으로 파괴하고 있다는 공포였다. 천재였지만 외톨이였던 그는 어리석게도 테러의 방법으로 이 무력감에서 벗어나고자 했다. 그는 자신의 선언문에서 이렇게 말했다:

> 인류에게 있어 산업혁명과 그 결과는 재앙이었다. 산업혁명 덕분에 '선진국'에 살고 있는 우리들의 평균 수명이 대폭 늘어난 것은 사실이다. 그러나 동시에 **사회는 불안정해졌고, 삶은 무의미해졌으며, 인간은 비천한 존재로 전락했다.** 심리적 고통은 광범위하게 확산되었으며(제3세계의 경우에는 육체적 고통과 함께), 자연은 돌이킬 수 없이 파괴되었다. 앞으로 테크놀로지가

계속 발전할 때 상황은 더욱 악화될 것이다. 인간의 존엄성은 아예 사라져 버릴 것이고, 자연은 더욱 극심하게 파괴될 것이다. 또한 추측컨대 사회적 혼란과 심리적 고통도 훨씬 더 극심해질 것이며, '선진국'에서도 역시 육체적 고통에 시달리는 사람이 크게 늘어날 것이다. (유나바머, 〈산업사회와 그 미래〉 1장)

이 말이 너무 관념적이라면, 좀더 쉬운 예를 들어보자.

현대사회의 인류는 과거에 비해 안전해졌는가? 그런 것 같다. (1) 사회적 계급이 강요하는 부당한 폭력은 거의 사라졌다(홍길동이 아버지를 아버지라 부르지 못하는 것, 춘향이가 부당한 성접대를 요구받는 것). (2) 세계전쟁의 위험도 크게 줄었다. 계급적 특권, 즉각적 굶주림, 대규모 전쟁으로 인한 개죽음의 위협이 사라졌다. 세계는 안전혜진 것 같다.

그렇다고 현대사회 인간의 생존조건이 근본적으로 진보한 것도 아니다. 세계전쟁의 위험이 줄어든 것은 인류의 긍정적 성취라고 보기 어렵다. 20세기 파워 엘리트들은 자기들 손으로 개발한 핵무기의 위력에 겁먹었다. 핵무기 이후의 세계에서 자기파괴적 내규모 선쟁은 **회피되고 있을 뿐**이다. 그것은 진정한 의미에서의 안전과 진보가 아니다.

인류를 풍요롭게 만든 자본주의 세계화 시스템도 그늘이 짙다. 자본주의에서는 물질적 부라는 가치가 유일한 성공의 척도다. 자본주의 사회의 인간은 그밖의 가치를 외면하거나 조롱하도록 훈육당한다. 신자유주의적 생존경쟁은 사회성원의 하위 80%에게 도태된 인간이라는 정체성을 강요한다. 극도로 개인화된 사회는 정치적 조직화에 서툴기 때문에 20세기식 사회변혁(혁명)도 불가능하다.

현대사회의 구조적 틀은 **고도화된 핵무기**와 **자본주의적 경쟁체제의 고착화**라는 (도저히 개인이 바꿀 수 없는) 물적 조건 위에 단단하게 구축돼 있다. 카진스키가 절망한 곳이 바로 이 지점이었다. 현대사회는 개인에게 자유의 환상을 제공한다. 그러나 카진스키는 자본주의가 제공하는 개인적 자유가 구조적 제약의 틀 속에서만 작동하는 옹졸한 것임을 깨달았다. 모르는 게 약인데, 알아버린 사람은 괴로운 깨달음이다.

대부분의 사람들은 이러한 현대사회의 근본문제를 외면한다. 생각해 봐야 골치만 아프기도 하고, 가시적인 개인의 향상을 제공하지도 않기 때문이다. 해결 못하는 고민을 한다고 떡이 나오나 밥이 나오나. 개인이 노력해서 바꿀 수 없는 문제라면 외면하는 것도 전략이다. 각자의 소확행을 찾아 나서는 것이 현명할 수도 있다.

물론 소확행이 궁극의 해답이 되지는 못한다. 소확행은 거대한 것을 체념한 자가 선택하는 현자의 가르침이다. 실존적으로는 가장 지혜로운 선택이지만, 그 기반은 언제라도 무너질 수 있다. **유나바머, 피터 틸, 일론 머스크**는 민주주의적 자본주의의 미래에 대한 공통된 비관주의를 보여준다. 이것은 생각할수록 섬찟한 일이다.

86세대의 체제순응과 퇴조하는 좌파이념

이러한 생각을 한국 현대사에 적용해 보자. 86세대는 비록 MZ들에게 똥팔육(!) 기득권으로 조롱받고 있지만, 그들에게도 리즈 시절은 있었다. 그들은 1980년대 내내 군부독재와 싸웠다. 이론 무장을 위해 과감하게 좌파사상을 받아들였다. 1987년 민주화에 성공함으로써 그들에겐 정치구조의 제약을 돌파해 보았다는 자부심이 생겼다.

그러나 집권 이후의 86세대는 좌파이념을 버리고 자본주의의 경쟁 시스템에 순응하고 말았다. 구조조정(인원감축의 다른 말)을 지지하고, 한미 FTA를 체결하고, 부동산 폭등을 결과적으로 수수방관했다. 많은 경우 경쟁을 공정하게 관리하지 못했다. 특권의 유혹에 빠져 탐욕을 보여주기도 했다. 경세적 불병등과 양극화는 당연히 심화되었다.

오늘날 86세대의 가슴팍에는 **내로남불과 위선의 세대**라는 주홍글씨가 찍혀 있다. 당사자로서는 억울할 수도 있다. 양극화의 심화는 1998년 IMF 구제금융 사태 이후 강제된 신자유주의적 규제완화 때문이었다. 86세대가 양극화를 원한 것은 아니었다. 노무현도 대통령 시절 이런 식으로 변명을 했다. 물론 유권자에게 통하지 않는 변명이었다. 노무현, 문재인, 86세대는 정권교체를 통해 정치적 책임을 졌다.

좌파 이념은 실패했는가? 카진스키와 2030 청년들이 말하는 대로, 좌파주의는 희생자나 피억압자의 정체성을 지닌 감성팔이에 불과할까? 어쩌면 그럴지도 모른다. 2025년 2월 23일 치러진 독일 총선에서 집권당이자 전통적 중도좌파인 사회민주당(SPD)은 불과 16.4%를 얻었다. 극우당으로 지탄받는 AfD(20.8%)보다 저조한 성적이었다. 극단적 자본주의는 파국을 향해 내달리는데, 전통적 좌파는 살아나지 않고 퇴조한다.

얼핏 보면 기이한 현실이다. 왜 그럴까? 좌파는 전통적으로 "자본주의 시스템의 폐지 또는 개선을 통해 근대경제의 각종 모순(노동의 소외, 빈부격차, 대량생산으로 인한 공황)을 해결하려는 정파"로 이해돼 왔다. 좌파가 보유한 수단은 총파업(마르크스)과 혁명 전위세력(레닌)이다. 파업과 혁명을 준비하기 위해서는 장기간의 인내와 긴장, 탄압을 견디는 맷집이 필요하다. 최후의 순간에는 유혈사태도 각오해야 한다.

이토록 큰 희생과 유혈폭력을 필요로 하는 정치적 아젠다는 오늘날처럼 고도화된 자본주의 사회에서는 불가능하다. 독일 사회민주당도 1959년 계급투쟁 같은 사회주의 정강을 포기했다(고데스베르크 강령). 한국도 고도자본주의 국가이므로, 전통적 개념의 정치세력으로서의 좌파는 사실상 존재하지 않는다. MZ들이 흔히 좌파라고 비판하는 더불어민주당의 경제정강은 "민주적 **시장경제**"다. 좌파일래야 좌파일 수가 없다.

물론 "**민주적**"에 시비를 걸 수는 있다. 더불어민주당이 전통적

의미의 좌파는 아닐지라도, 개별 정책에서 좌파적 **성격**을 띨 수
는 있다. 민주당이 토지공개념이나 페미니즘에 호의적이라고 해
서 좌파 정당이라고 비난하는 사람도 있다. 그러나 이것은 잘못
된 판단이다. 분단 상황에서는 특정 정치세력을 '좌파'로 규정하
는 것 자체가 일종의 정치공세다. 보수세력은 2000년 남북정상
회담 이후부터 이러한 전략을 구사해 왔다.

민주당계 정당에서 대통령을 지낸 김대중, 노무현, 문재인은
모두 좌파, 공산주의자, 빨갱이라는 정치공세에 시달렸다. MZ
들은 '빨갱이'보다 '좌빨'이 더 익숙하다. '빨갱이'보다 경쾌하
고 발음도 편해서 그런 듯하다. '좌빨'은 **2008년 광우병 촛불시위
때부터 인터넷에서 유행**하기 시작했다. 촛불시위에 나온 시민들을
비하하는 "촛불좀비, 좌좀(좌익좀비)"이라는 말도 덩달아 만들어
졌다. '좌빨'이라는 말은 김대중―노무현 정부 10년에 대한 반
발심리의 상징이 되었다. 이명박 정권은 광우병 촛불시위의 배
후를 "반정부 좌파세력"으로 규정하고, 좌파에 부정적인 여론을
온라인에 확산시켰다. 국정원을 이용해 **좌파는 무능하며 정치적
으로 위험하다**는 국내 정치선전을 지속적으로 펼쳤다. 일베도 이
시기에 탄생한 온라인 세력이다.

좌파 vs 우파: 이분법적 성격론
유튜브를 검색하면 2030들이 제작한 〈좌파 우파 차이〉, 〈좌
파에서 우파로 전향한 이유〉. 〈4050이 좌파가 된 이유〉 같은 동영

상들이 쏟아진다. 보수 정체성을 지닌 청년 남성들은 민주당계 정치세력을 주저없이 '좌파'라고 낙인찍는다. 그러면서 자신들의 우파 정체성을 강화시킨다. 정치논쟁은 편가르고 키배로 승부를 벌이는 가벼운 싸움으로 변한다. 좌파든 우파든 역사 지식의 쓸모는 점점 줄어든다.

> 같은 흙수저라도 **좌파**는 그 상황을 벗어나기 위한 노력보다는 **자기연민과 동정에 빠져서 출신과 배경을 탓하면서 남의 사다리까지 부시려함.** 즉 모든걸 외부요인으로 돌리면서 자기 자신을 바꿀 생각을 하지 않음.
> 본인들이 못생기게 태어난 것, 다이어트 등 자기관리의 노력이 싫어서 어떻게든 남들까지 끌어내리기 위해 탈코르셋 운동하면서 일반 여성들까지 꾸미지 말자고 선동했던 것도 PC주의 좌파들이 원하는 우덜식(친목질의 멸칭) 평등이라고 볼수있음 (…)
> 그러나 우파는 이성적인 판단이 앞서기에 어떻게든 자기 스스로 사다리를 올려서 올라가려고 노력함. 한탄만 한다고 바뀌는건 없다는걸 논리적인 사고를 통해 누구보다 잘 인지하고 있기 때문임. (2025.1.21. 〈좌파 우파 차이〉, 디시 만화 갤러리)

2030 남성으로 추정되는 필자의 세계관에 따르면 좌파는 감성팔이, 약자 정체성, PC주의적 평등주의로 비판받는다. 우파

는 이성적이고 논리적이며, 진취적인 삶의 태도라고 칭송된다. 과거의 좌우 대립이 이데올로기와 국제정치의 충돌이었다면, 2030들은 **좌파/우파의 특징을 개인적 생활 태도와 성격의 차이로 환원**시킨다.

이러한 이분법적 성격론은 빠르고 명료한 해답을 선호하는 Z세대의 특성과 부합한다. 이들 세대는 온라인 게임이 생활 그 자체다. 게임 유저들은 단기간 지속되는 긴장과 빠른 승부로 결정되는 생활 패턴에 익숙해진다. Z세대에게는 피말리는 개인주의적 경쟁도 일종의 생존게임이다. "나눔과 평등"을 지향하는 좌파이념이 설 땅은 없다.

오늘날 청년들이 생각하는 좌파는 자본주의 시스템의 **낙오자, 게으름뱅이, 무능력자, 무임승차자, 루저, 못난이** 등과 결부돼 있다. 좌파 정치세력은 이런 자들의 떼쓰기를 옹호하는 전장연(장애인 단체), 각종 페미니즘 단체(여성부, 정의기억연대, 나눔의집), 이들을 지원하는 정당(더불어민주당, 정의당, 여성의당) 등으로 구체화된다.

다수의 청년들은 **자본주의 경제체제를 너무나 확고하게 긍정하기** 때문에 **부정적 견해나 비판을 표명할 필요성을 못 느낀다.** 자본주의 체제의 모순을 극복할 혁명을 꿈꾸거나, 자본주의 이후의 세계를 상상하는 일은 삶을 윤택하게 하는데 도움이 안된다. 체게바라 굿즈는 유행도 지났고, 애초부터 겉멋에 지나지 않았다.

좌파사상이 감성독재로 간주되는 시대

일부 청년 남성들은 좌파로 분류된 인물이나 단체를 공격하기도 한다. 그들의 혐오감정은 과거 상식이나 인륜에 따라 비판의 성역이었던 이들에게까지 미친다. 5·18과 세월호 희생자와 유가족, 위안부 피해 지원단체까지 공격당한다. 거기엔 나름의 논리가 있다. 일베 셀럽 장대호는 관련해 중요한 말을 남긴다:

대한민국에서 인싸(인사이드. 주류)가 되려면 다음 사항에 명확한 견해를 밝히고 공감표현을 해야 한다.

5·18
노무현
세월호

참고로 장대호는 아싸(아웃사이더, 왕따, 비주류)이므로, 위와 관련한 견해를 밝힐 필요가 없다.
그러나 누구든지 인싸가 되고자 하거든 공격적인 말버릇을 삼가해야 한다.
또 촛불을 보고 눈물 흘릴 줄도 알아야 한다.
여성을 배려하고, 여성적 국어를 사용해야 한다.
그래야 취업도 할 수 있고 TV에도 나올 수 있다.

여러분 모두 인싸 되세요 (장대호, 〈인싸〉)

장대호는 "5·18과 세월호 사건에 냉담한 사람들은 비정상" 이라는 통념을 반박한다. 타인에게 분노와 눈물을 강요할 수는 없다고 항변한다. 일베 유저들은 대부분 동의할 것이다. 세월호도 5·18도 이제 그들에게는 먼 과거에 불과하다. 자기들의 고통이 더 시급하다. 타인의 고통은 **"알빠노"**다. 86세대들은 이런 변화를 읽지 못하고 있었다.

정서라는 것은 타인에게 온전하게 전달되기 어려운 물건이다. 처지와 세대의 차이가 인간들 사이의 공감을 가로막은지는 이미 오래다. 그러나 2010년 이후 만인이 스마트폰의 노예가 되어 자기만의 파편화된 세계에서 살아가면서 정서의 단절은 이제 복구 불가능의 상태로 진입한 듯하다. 펨코의 한 댓글창에는 5·18에 대해 이런 견해도 보인다:

> 5.18 유공자?? 그 당시에 국가적으로 시위 안한 데가 있나??
> 민주열사들 챙기려면 싹다 챙기고 유공자 선별 하던지.
> 왜 고생은 전국민이 하고 유난은 5.18때만 떠는건데??
> 민주열사를 싹다 챙겨야지..
> **5.18만 유공자 만들고 심지어 그 후손들은 가산점까지 주는 현실이 역차별**이라 생각하는데??
> 한강서 슬플 일로 하늘나라 가나.. 일하다 항구에서 슬픈 일로 하늘나라 가나.. 같은 슬픔인데.. 현재 언론이나 국민들의 표현은 무게감이 다른건 어떻게 생각하심??

같이 민주화 운동했는데 5.18만 유난 떠는거 솔직히 좀 어이 없는데??

(대깨몬, 2021.05.18, 18:10)

이런 반응을 어떻게 이해해야 할까? 5·18의 암울한 역사를 가르친다 한들, 들을 귀가 있을까? 일단 이들의 존재를 인지하는 것이 중요하다. 슬픔을 공감하지 못하는 사람과 공존해야 하는 것은 괴롭다. 그러나 암담한 사실을 곱씹으면서 현실을 지옥이라고 규정할 필요는 없다. 세월이 흘렀으니 모르는 사람에겐 다시 가르쳐야 한다. 기성세대들도 정치적 올바름을 강요하는 실수를 저지르고 있지 않은지 점검해야 한다.

가수가 노래부르면 응원가도 아닌데 박수로봇처럼 의무감으로 박수쳐대는 미개한 관중문화가 나는 너무 불편하다.
오죽하면 파바로티가 내한공연 중 박수치지 말아달라 부탁했을까.

세월호 사건 때 슬프지 않았다고 표현한 나를 반사회적 성격이상자로 규정하고 비난을 가하는 일부 언론사가 나는 너무 불편하다.
자신들과 같은 감수성을 눈물로 증명하지 않으면 반사회적이라 정의하는 그 무소불위의 권력은 어디에서 온 것일까?
감수성이 높은 사람과 낮은 사람들이 서로 그렇게 성격이 다름을

시비하지 않으면서 함께 어울려 살던 옛날이 그립다. (장대호, 〈프로
불편러〉)

일베: 스마트폰 강점기의 가장 깊은 그늘

2010년 이후 스마트폰과 SNS 강점기가 열렸다. 한국사회의
외관은 과거와 비교할 수 없을 정도로 화려해졌다. K-컬쳐도
뜨기 시작했다. 그러나 온라인의 음지는 비례적으로 어두워졌
고, MZ세대의 다수는 사회적 루저로 전락해 갔다. 그들은 상위
10%의 소비성향을 관찰만 했고, 동참할 수는 없었다. 눈이 높아
진 청년들은 문재인 정부의 청년 주거정책을 비웃었다. 임기말
부동산 폭등까지 일어나면서 문재인은 증오의 표적이 되었다.

청년들은 자신들을 둘러싼 제약의 단단한 구조를 온몸으로 느
끼고 있다. 청년 개개인은 고립된 채 개별자로서 거기에 직면한
다. 단단함에 겁먹고 구조와 대결하지 않는다. 주변에서 대결하
는 사람을 찾아볼 수도 없다. 그들은 개별적으로 **영앤리치가 되는
루트**에만 관심을 쏟는다(비트코인, 나스닥, 영끌투자). 자기 주변에서
승자(강자, 부자, 성공한 자)로 인정받을 물적 조건을 획득하는 것이
자기 삶의 목표가 된다.

MZ세대가 "단군이래 부모보다 가난해진 최초의 세대"라는
것도 반만 맞는 말이다. 그들은 "단군이래 가장 고급진 소비 환경
에서 성장한 세대"이기도 하다. 그 높은 수준에 동참하지 못하니

가난하다고 느끼는 것이다. 화가 많아진 그들은 무임승차자(페미니즘 지지자, 장애인)를 적대한다. 아무것도 못해 준 86세대를 **"무능한 좌파"**로 낙인찍는다. 일베는 이러한 MZ들 가운데서도 가장 분노가 많은 부류들이다:

> 86세대에 대한 일베 이용자들의 분노는 사실상 어떤 선택지도 놓여있지 않은 현실을 만들어낸 이들의 원죄에 대한 추궁이며, 이들의 순응은 순응 외에는 답이 없는 한국사회를 온몸으로 통찰한 결과이기도 하다. (김학준, 〈보통 일베들의 시대〉, 오월의봄, 2022, 251면)

2015년 8월 6일
남혐의 탄생, 노홍철에서 워마드까지

    2013년 여름 성재기 남성연대 대표의 황망한 죽음은 그의 주장을 뒤늦게 재조명시켰다. 그가 평생 말했던 핵심은 남성인권에 대한 관심을 가져달라는 것과, 여성의 과도한 특권을 자제하라는 것뿐이었다. 표현은 거칠었지만 여성혐오의 기미는 없었다. 그러나 성재기의 죽음 이후 기류가 달라지기 시작했다. 변화는 **세월호**와 **노홍철** 이야기로 시작한다.

온라인 젠더전쟁의 기원

    2014년 4월 16일. 전 국민을 슬픔에 빠뜨렸던 청해진해운 세월호 침몰사고가 발생했다. 안산 단원고 학생 248명을 포함한 304명의 목숨이 희생되었다. 사건 발생 이틀 후인 4월 18일, 구조된 단원고 교감 선생님이 죄책감을 못이겨 자살했다. **죽음의 망령이 대한민국 전체를 휩쓴 것만 같았다.** 어떤 말로 슬픔을 표현해야 할지 모를 나날이 이어졌다.

시청자들에게 웃음을 주어야 할 예능 프로그램 MBC 무한도전마저 2주간 휴방했다. 그런데 무슨 마가 씌었을까. 자타공인 대한민국 최고예능 무한도전에 사고가 잇달아 터졌다. 4월 23일, 멤버 길의 음주사고가 터졌다. 길은 즉시 하차했다. 5월 31일 특집 〈홍철아 장가가자〉 2부의 방영이 취소되었다. 11월 8일엔 노홍철마저 음주로 하차했다.

사건이 남긴 상처의 크기에 비하면, 사실 2주의 결방도 충분치 않아 보였다. 4~5월 내내 잠수부들은 시신수습을 위해 바닷물 속에서 사투를 벌였다. 5월 19일, 박근혜 대통령이 대국민 입장을 발표하고 공개 사과했다. 이날도 시신 1구가 수습되었다. 닷새 후인 5월 24일, 무한도전 특집 〈홍철아 장가가자〉 1부가 방송되었다.

특집의 컨셉은 멤버 중 유일한 총각 노홍철을 결혼시키기 위해 소개팅을 주선하는 것이었다. 노홍철은 수선스럽지만 안티는 적은 연예인이다. 출연한 여성들에게 깍듯했고, 오히려 여성들에게 구박을 당했다. 노홍철은 책잡힐 행동을 안하려고 필사적으로 노력했다. 그런데 멤버들의 사전회의 영상에서 "홍철 이상형, 26세 이하, 예쁘고, 키는 172~175cm"라고 적은 자막이 문제가 되었다.

그 자막은 분명히 **데자뷔**(기시감을 주는 물체)였다. 사람들은 모두 2009년 KBS의 **"루저녀 사건"**을 떠올렸다. 여성들의 항의 댓글이 무한도전 게시판을 도배했다. 이날 방송은 무한도전 10년 역사의 최고 오점으로 남았다. 5월 31일 방영 예정이던 〈홍철아 장가가자〉 2부는 통편집당했다. 출연진은 "이유야 어쨌건 사과드립니다" 하면서 납작 엎드렸다.

"루저녀 사건"으로 숨죽였던 일부 여성들은 반격을 준비했다. 노홍철은 "키작은 여자는 루저"와 같은 인신공격적 발언을 한 것도 아닌데 동급의 비난을 받았다. 남성들도 남성들대로 반발했다. **여자들이 떼쓰면 방송국도 움직인다**는 잘못된 시그널이 주어졌다고 개탄했다. "프로불편러(온라인 시대 트집잡이들의 멸칭) 시대"가 열렸다고 투덜거렸다.

2014년 무한도전은 두 멤버를 잃었다. 프로그램 내용에 대한 시청자 항의 때문에 공개사과까지 했다. 최악의 해였다. 6인 체제를 완성하기 위해 뉴페이스 보강이 긴급했나. 식스맨 선성을 위한 오디션을 방영하면서 분위기를 띄웠다. 욕쟁이 경비원 개그로 유명해진 KBS 개콘 출신의 장동민이 맹활약하면서 제6의 멤버로 확정되는 듯했다.

그런데 돌발변수가 생겼다. 인사청문회보다 철저한 온라인 검증 탓이었다. 2015년 4월 9일, 한 페미니스트에 의해 장동민이 과거 팟캐스트 방송에서 했던 여성비하 발언들이 재소환됐다. "여자는 남자보다 멍청해서 혼전경험을 남자에게 이야기한다"는 말이 결정적이었다. 4월 28일, 장동민은 기자회견을 열고 공개사과했다. 무한도전 입성은 좌절됐다.

장동민의 개그스타일은 대상의 한 특성을 수위높은 언어로 그 럴듯하게 비판함으로써 웃음을 유발하는 것이다. 당연히 **가벼운 가학성**을 띤다. 한의사를 "풀쪼가리나 뜯어서 끓이는 사람"으로 호 명하는 식이다. 그런데 이런 고위험 멘트가 여성 일반을 타겟으 로 삼으면서 젠더갈등의 불씨로 변했다. 장동민은 여혐의 아이 콘이 되어 버렸다.

장동민은 잘못이 있었지만, 일개 개그맨일 뿐이었다. 죽을 죄를 지은 것도 아니었다. 사과했으니 그만 됐다는 쪽과, 방송계에서 퇴출해야 한다는 쪽이 갈렸다. 먹고살기 바쁜 오프라인 세상에 서라면 그 정도로 끝날 일이었다. 그러나 온라인 공간의 잉여들은 공격의 빌미를 수집해서 일을 키웠다. 끔찍한 **온라인 젠더전쟁**의 시작이었다.

워마드: 노홍철의 일으킨 눈사태의 종착점

대한민국에서 노홍철을 모르는 사람은 별로 없다. 워마드(극단적 남혐사이트)의 존재도 꽤 알려진 편이다. 그런데 **노홍철과 워마드가 관계있다**고 하면 뭔 소리냐 할 것이다. 나는 노홍철의 무한도전 하차가 워마드의 탄생으로 귀결되는 기이한 이야기를 하려고 한다. 나비효과 + 온라인 공간의 이슈 증폭현상이 낳은 비극이다.

2015년 5월, 인터넷 포털 Daum의 여초 커뮤니티 여시(여성시대) 에서는 장동민에 대한 공격이 계속되고 있었다. 일부 여성유저 들은 남성 셀럽들의 여혐 성향을 조사하기 시작했다. 당사자나 남성 유저들이 반박하면 주작(날조)까지 벌였다. 주작이 밝혀져 비난받으면 비난을 차단하려고 새로운 주작을 벌였다. 온라인 소모전의 전형적 패턴이다.

남성 유저들도 소모전에 동참했다. 상대의 약점을 먼저 찾아 쓰러뜨려야 했다. 그들은 여시 내에서 여성용 성인물이 거래되는 비밀 갤러리를 적발했다. 여시는 일시 붕괴되었다. 그러나 여시 전체가 남혐은 아니었다. 관리자는 극단세력을 퇴출시키며 정화에 나섰다(1차 사이버 망명). 쫓겨난 극단적 남혐 성향의 여성 유저들은 사이버 망명지를 찾아 나섰다.

망명의 첫 정착지는 디시의 **메르스 갤러리**(메갤)였다. 메르스는 2015년 여름 한국을 강타한 (사우디아라비아 낙타발) 호흡기 증후군이다. 여시에서 탈출한 여성 유저들이 메갤로 몰리면서 남혐 발언이 증가했다("시발 김치남 새끼는 뒤져야 한디 전염병 몰고온 김치남 새끼"). 일베 남성 유저들이 들어와 반격에 나섰다. 메갤은 사이버 전쟁터로 변했다. 디시 운영자는 메갤을 제재했고, 여성유저들은 다시 메갈리아로 떠났다(2차 사이버 망명).

2015년 8월 6일 **메갈리아**가 탄생했다. 갓양남(신과 같은 서양남자), 기생충(남성 태아), 소추(한국남자의 작은 성기), 한남충(벌레같은 한국남자), 흉자(흉내자지. 남성을 편드는 여성), 6.9(한국남성의 짧은 성기길이) 같은 주옥(?)같은 표현들이 만들어졌다. **역대 최악의 온라인 남성혐오 커뮤니티**였다. 말세라는 탄식이 저절로 나왔다.

메갈의 말투는 다시 남초 갤러리와 일베의 언어를 따오거나 살짝 비튼 것이다. 이른바 미러링 전략이다. 메갈리안들은 여성혐오를 자행하는 남성들에게 그들의 언어를 돌려줄 뿐이라고 주장한다. 가해자를 피해자로 되치기한다는 것이다. 여성혐오의 심각성을 알리기 위한 극단적인 전략이라고 한다. 일부 페미니스트들도 "오죽했으면 저러겠냐"고 두둔한다.

일베의 언어는 허약한 상대를 극단적인 방식으로 조롱함으로써 가학적 웃음을 유발하는 변태적 경쟁 속에서 태어난 언어다. 이러한 악랄한 동기로 탄생한 작위적 언어는 오프라인 세계의 도덕이나 관행을 일부러 무시한다. "선을 넘는 것"은 그들의 자해적 전략이자 필살기다. 메갈리아가 오프라인 세계의 여성들과도 충돌하는 것도 시간문제였다.

8월 20일, 메갈리아와 여성시대가 충돌한다. 남성 아이돌 그룹 빅뱅이 도화선이었다. 남혐에 진심인 메갈리아가 빅뱅까지 건드리자, 여시(여성시대) 회원들도 더이상 참지 못했다. 비판을 받은 메갈리안들은 "빅뱅 빠순이들이 분탕질친다"며 반발했다. 여시에서는 "빠순이도 여성비하 표현인데, 메갈에선 아무렇지 않게 쓴다"고 비판했다. 여시는 결국 메갈리아를 손절하고, 메갈은 고립됐다.

11월 27일, 이번에는 메갈리아 내부가 게이(동성애자인 남성. 여성 정체성 소지 남성) 이슈를 놓고 분열했다. 페미니즘은 여성정체성을 가진 남성도 보호받아야 한다고 주장했지만, 메갈 과격파들은 그런 주장은 철저한 남성혐오가 아니라며 반발했다. 이들은 메갈리아를 떠나 **메갈리아보다 과격한 남혐 커뮤니티 워마드**를 만든다(3차 사이버 망명).

2016년 1월 22일, Daum 카페 워마드가 탄생한다. 워마드는 트랜스젠더(여성임을 호소하는 남성)까지 혐오의 대상으로 삼는 극단적 남혐 커뮤니티다. 메갈리아는 겉으로나마 남녀평등의 명분을 말했지만, 워마드는 처음부터 남혐과 여성우월주의를 대놓고 선포했다. 온라인에 머물렀던 메갈리아와 달리 워마드는 오프라인 세계에서도 사고를 치기 시작했다.

워마드 회원들이 온라인에서 저지른 기이한 악행들은 열거하기도 벅차다. 남자 상사를 죽이려면 커피에 부동액을 타서 주면 된다고 글을 올렸다. 가톨릭 의례에서 중시되는 성체를 훼손하고 인증사진을 올렸다. 주작으로 밝혀지긴 했지만 남아의 낙태사진을 올리고 "한남 하나 없앴다"며 낄낄댔다. 호주국자라는 회원은 호주 소년을 강간했다고 자랑했다.

강남역 살인사건과 문재인의 등판

2016년 5월 17일 오전 1시 7분, 서울 강남역 인근 주점의 남성종업원 김모씨가 노래방 화장실에서 대기하고 있다가 여성 하모(23)씨를 주방용 식칼로 찔러 살해했다. 하필이면 메갈리아와 워마드가 남성혐오를 퍼뜨리면서 젠더이슈가 민감했던 시기였다. 페미니스트 진영과 여초 커뮤니티에서는 여성혐오 범죄라고 목소리를 높였다.

다음 날부터 강남역 10번 출구는 오프라인의 성지가 되었다. 수많은 여성들이 찾아와 벽면에 추모의 글을 붙이기 시작했다. 더불어민주당 전 대표 문재인 의원도 현장을 방문했다. 자신의 트위터에 "강남역 10번 출구 벽면은 포스트잇으로 가득했습니다. '다음 생엔 부디 같이 남자로 태어나요' 슬프고 미안합니다"라는 글을 사진과 함께 올렸다.

트윗 내용을 사진과 함께 살펴보면, "다음 생엔 부디 같이 남자로 태어나요"라는 문장은 포스트잇의 인용이 분명하다. 그러나 많은 사람들은 이것을 문재인의 생각으로 오독했다. 그럴 만도 했다. 수많은 포스트잇 중에서 그 문구를 집은 건 문재인 본인이었기 때문이다. 사람들은 문재인에게 이 사건이 여성혐오 범죄라는 것을 인정하는 거냐고 따졌다.

이것은 일종의 불길한 **오멘**(전조)이었다. 온라인 세계는 문재인에게 "너는 어느 편이냐?"고 심문하고 있었다. 살인사건을 단순 살인(남초 커뮤)으로 보는지 혐오범죄(여초 커뮤)로 보는지 따지고 있었다. 비난의 화살을 장전한 채 문재인의 입만 바라보았다. 문재인은 뭔가 잘못되었다는 것을 깨달았던 것 같다. 오해가 있었다며 이렇게 해명글을 올렸다:

제 트윗에 오해 소지가 있었나요? / 강남역 10번 출구 벽면
은 포스트잇으로 가득했습니다. '다음 생엔 부디 같이 남자로
태어나요' / (어느 여성 분이 쓰셨을. 이런 글을 읽게 되는 현실이) 슬프고
미안합니다. 이런 뜻으로 읽어주세요.

문재인은 나름대로 성실한 해명을 했다. 그러나 포스트잇 여
성의 주장을 강조하는 태도를 철회하지는 않았다. 여성혐오 범
죄라는 해석을 부정하지는 않은 것이다. 범인은 경찰 조사에서
여성을 노렸다고 진술하기도 했다. 모든 동물은 최소한의 안전보
장이 없는 한, 자기보다 강한 존재는 건드리지 않는다. 범인은 피
해자가 자기보다 약한 존재라는 것을 확인하고 죽였을 것이다.
물론 이것을 여성혐오로 해석할 것인지는 다른 문제다.

경찰도 곤혹스러웠다. 여성혐오 범죄라고 단정해서 발표하면
갈등이 더 첨예화될 것이 뻔했다. 도대체 어느 정도까지 여성을
싫어해야 여성혐오인가? 범인에게 여성에 대한 반감이 있었다
해도, 따뜻한 사회라면 그 남성의 비뚤어진 사고를 불쌍히 여기
는 아량을 베풀 수도 있었다. 한국사회는 시간을 두고 생각하고
따져보는 참을성을 잃어가고 있었다.

눈치없는 페미니스트 대통령 선언

2016년 12월 9일, 최순실 사태로 궁지에 몰렸던 박근혜 대통
령의 탄핵소추안이 국회에서 가결되었다. 그녀의 파면이 예상되던

2017년 2월 16일, 대선 예비후보가 된 문재인은 성평등 공약을 발표하며 "페미니스트 대통령이 되겠다"고 선언해 버렸다. 또다른 오멘이었다. 문재인은 극단으로 치닫는 젠더분쟁의 폭발력을 전혀 감지하지 못했다.

젊은 남성들은 대부분 문재인을 싫어한다. 청년층의 문재인 비토는 빈부의 차이를 막론하고 디폴트 값이 되었다. 가장 많이 드는 이유는 **"남녀 갈라치기"**다. 문재인은 억울해할지도 모르겠다. "여성의 안전을 보장하고, 여성의 권리를 회복하겠다는 말이 왜 남녀 갈라치기란 말인가?"라고 반문할지 모르겠다. 그러니까 젊은 남성들에게 미움받는 것이다.

문재인이 2016년까지의 젠더 분쟁을 간과한 것은 정말 큰 실책이었다. 경제가 선진국 수준에 가까워지면서 저성장 추세는 뚜렷해졌고, 다년간 계속된 신자유주의의 영향으로 양극화는 돌이킬 수 없이 확대됐다. 설상가상으로 공채나 일반 취업시장에서 여성의 경쟁력은 점점 높아져갔다. 남성들은 위협을 느꼈다. 문재인은 일정한 파이를 놓고 벌이는 경쟁에서 남성들에게 부과되는 핸디캡을 당연시했다.

아직도 못 알아듣는 분들을 위해 마지막으로 말한다. 문재인이 공식적으로 남성들에게 가시적 페널티를 준 적은 없다. 대신 문재인과 민주당은 여성복지 예산을 과도하게 늘리고, 성폭력 이슈에서 여성을 지나치게 편들고, 청년 남성들의 절박한 목소리는 나약한 자의 투정으로 여겼다.

IMF 구제금융을 기억하지 못하는 세대의 청년들은 경제적 빈곤을 경험해 본 적이 없다. 남녀 모두 경제적 안정과 좋은 일자리를 기대하며 자랐다. 그런데 대선후보 문재인은 여성 편을 들겠다고 대놓고 말했다. 페미니스트 대통령 선언! 청년 남성들은 **심판이 스스로 공정 경쟁의 룰을 팽개쳤다**고 해석했다. 문재인은 여성계의 박수에 취해 웃기만 했다.

사람의 욕심은 끝이 없는 법이다. 우리가 여성, 여성 하지만 여성들도 제각기 원하는 것이 다르다. 여성우대 정책은 여성들의 눈높이를 점점 높였다. 히딩크식으로 말하면, 여성들은 "아직도 배가 고팠다." 반면 청년 남성들의 몫은 점점 줄었고, 게다가 잠재적 성범죄자 취급까지 당한다고 느꼈다. 아무리 항의해도 문재인은 침묵하거나, 대수롭지 않게 여겼다.

이제 대통령 노무현과 문재인에 대해 이야기할 때가 된 것 같다.

2009년 5월 29일
노무현과 진보 아젠다의 좌절

한국에서 진보(좌파)로 분류되는 역대 대통령은 김대중, 노무현, 문재인이다. 김대중 정부는 1998년 IMF 구제금융과 함께 출범했다. 경제주권이 제한돼 자신의 비전을 펼치기 어려웠다. 경제 정책은 신자유주의의 색채가 강했다(구조조정, 노동유연성 확보). 김대중 정부에서 좌파적 아젠다는 두드러지지 않았다. 대북 포용 정책(2000년 남북정상회담)만이 김대중의 색채를 드러냈을 뿐이다.

약자의 변호인: 노무현의 자기정체성
진보(좌파)적 아젠다를 본격화한 것은 노무현 대통령이었다. 그는 고졸(상고출신)에 사법고시를 패스한 특이한 이력의 소유자였다. 부산에서 변호사를 하던 그를 김영삼이 발탁해 국회로 보냈다. 그러나 1990년 김영삼이 광주학살의 주역 노태우와 손잡고 신당을 창당하자(3당합당) 노무현은 그와 결별했다. 1997년 김대중의 새정치국민회의에 합류해 김대중의 대통령 당선을 도왔다. 2003년에는 김대중의 후계자로 대통령이 되었다.

노무현은 기회있을 때마다 (자기를 발탁했던 동향 출신의 김영삼이 아닌) 김대중의 진보(좌파)진영에서 정치하는 이유를 분명하게 밝혔다. **권력에 빌붙기보다 권력에 맞서 권력을 쟁취하기 위해서**라고 했다. 2001년 12월 10일 노무현은 제16대 대통령 선거의 새천년민주당 후보선출을 위한 국민경선 출마선언을 하며 이렇게 외쳤다:

> 600년 동안 한국에서 부귀영화를 누리고자 하는 사람은 모두 권력에 줄을 서서 손바닥을 비비고 머리를 조아려야 했습니다. (…) 세상에서 어떤 부정이 저질러져도, 어떤 불의가 눈앞에서 벌어지고 있어도, 강자가 부당하게 약자를 짓밟고 있어도, 모른 척하고 고개 숙이고 외면했어야 됐어요. (…) 제 어머니가 제게 남겨 주었던 제 가훈은 "야이 놈아. 모난 돌이 정 맞는다. 계란으로 바위치기다. 바람 부는 대로 물결치는 대로 눈치 보며 살아라." (…) 이 비겁한 교훈을 가르쳐야 했던 우리 600년의 역사, 이 역사를 청산해야 합니다. **권력에 맞서서 당당하게 권력을 한번 쟁취하는 우리의 역사**가 이루어져야만이, 이제 비로소 **우리의 젊은이들이 떳떳하게 정의를 얘기할 수 있고, 떳떳하게 불의에 맞설 수 있는 새로운 역사**를 만들어 낼 수 있습니다!

노무현의 정치적 DNA를 형성한 것은 1981년의 부림사건(공안

당국이 부산대생을 포함한 일반인 22명을 체포, 고문해 거짓자백을 받고 용공혐의로 기소)이었다. 1981년 노무현은 피의자들의 몸에서 고문흔적을 발견하고 충격을 받아 변호인단에 합류했다. 약자를 변호하고 불의에 맞서는 사람이 되기로 결심했다. 2013년 개봉한 영화 〈변호인〉에 그 순간의 감정선이 잘 그려져 있다.

1987년 전두환이 민주화 요구를 받아들이자 노무현은 더욱 바빠졌다. 현대중공업 총파업 지원연설을 했다가 제3자 개입혐의로 구속되기도 했다. 이듬해 국회의원에 당선됐고, 5공 청문회에서 날카로운 질문으로 증인들을 몰아세웠다. 1989년 말 전두환이 무성의한 국회 증언을 하자 자기 명패를 집어던지며 항의했다. 이 모습은 모두 TV로 중계되었다.

노무현은 김영삼에게 발탁됐다가 김대중의 측근으로 갈아탔다. 3당합당 이후 고립된 호남의 곁을 지키며 보수여당(민주자유당, 신한국당, 한나라당)에 맞섰다. **부산에서 인기 없는 김대중 당 소속**으로 출마해 4연속 낙선했다(1992, 1995, 1996, 2000년). 그래서 "바보 노무현"이라는 별명도 얻었고, 노사모라는 자발적 팬클럽도 생겼다.

2002년 4월 27일, 노무현은 새천년민주당 대통령 후보 선출을 위한 국민경선에서 최종 승리한다. 경선 초기만 해도 출마 자체에 의의를 두었었다. 그런데 뜻밖에 광주 경선에서 대승을 거뒀다. 다음부터 상승세를 탔고, 경선에서 승리했다. 집권여당의

대통령 후보 자리에 올랐다. 노무현은 수락연설에서 이렇게 말했다:

국민여러분, 당원동지 여러분! 우리 함께 꿈을 현실로 만들어 봅시다. 정직하고 성실하게 사는 사람, 정정당당하게 승부하는 사람이 성공하는, 그런 아름다운 세상을 만들어봅시다.
불신과 분열의 시대를 끝내고 개혁의 시대, 통합의 시대로 갑시다.
우리 아이들에게 **정의가 승리하는 역사**를 물려줍시다.
감사합니다.

2003년 2월 25일, 대한민국 제16대 대통령에 취임사에서 그는 이렇게 말했다:

반칙과 특권이 용납되는 시대는 이제 끝나야 합니다. **정의가 패배하고 기회주의자가 득세하는 굴절된 풍토**는 청산되어야 합니다. 원칙을 바로 세워 신뢰사회를 만듭시다. **정정당당하게 노력하는 사람이 성공하는 사회**로 나아갑시다. **정직하고 성실한 대다수 국민**이 보람을 느끼게 해드려야 합니다.

노무현의 언어에는 힘이 있었다. 그 힘은 열망에서 나왔다. 반칙,

기회주의, 특권 등으로 얼룩진 불의한 권력과 싸워 "정의로운 권력"을 획득하려는 열망이었다. 많은 사람들이 그의 진심을 믿고 그를 지지했다. 당내 기반도, 자금도, 조직도 없이 거대 여당의 경선을 뚫고 대선후보가 되었다. 본선에서 당선된 저력도 여기서 나왔다.

노무현의 집권과 좌절

그런데 여기서 초치는 이야기를 하나 해보자. 2025년의 MZ세대들이 노무현의 연설문을 읽으면 어떤 느낌이 들까? 이들은 노무현을 알기나 할까? 물론이다. 이들은 노무현을 잘 알고 있다. 뭐하는 사람인진 잘 몰라도 누군지는 확실히 안다. 일베 유저들은 **노무현을 MC무현이라는 밈으로 소비하며 조롱하는 문화**에 익숙하다. 그러나 조금 진지해져 보자. 그들이 노무현의 연설문을 제대로 읽어보진 않았을 것 아닌가?

앞에서 노무현의 연설문 중 세 편을 인용했다. 세 편에 공통으로 나오는 단어는 무엇일까? 정답은 '**정의**'다. 정의는 노무현이 가장 사랑한 가치였다. 2017년 문재인이 취임연설에서 "결과는 정의로울 것입니다"라고 했을 때의 그 정의다. 한국말로는 '올바름'이다. "정치적 올바름(PC주의)"이라고 할 때의 그 '올바름'이다.

노무현의 취임연설 이후 20년이 넘는 세월이 흘렀다. 그동안 정말 많은 일들이 있었다. 가장 중요한 일은 **MZ세대가 어린애에서**

청년으로 자란 것이다. 그들은 노무현에 대한 일베식 조롱문화, 강요되는 PC주의에 대한 짜증, 문재인 정부에 대한 환멸을 경험하면서 성인이 되었다. 노무현의 정의(올바름)에 대한 이해방식에도 결함이 있었음이 드러나고 있다.

나는 2001년도에 고등학교 선생노릇을 딱 1년 했다. 교무회의 때마다 전교조 교사들과 교장 선생님은 사사건건 충돌했다. 어느날 교장 선생님은 전교조 교사들에게 지친 목소리로 이렇게 말했다: **"정의를 독점하시려고 하시면 안 됩니다."** 그런데 노무현은 자기가 정의의 편이라는 것을 의심하지 않았던 것 같다. 그 자신감은 어디서 나왔을까?

노무현은 조선시대에서 대한민국에 이르는 약 600년을 "반칙과 특권의 역사, 기회주의가 승리하고 정의가 패배한 역사"라고 이해했다. 부당했던 신분제(양반의 무위도식, 적서차별, 노비 인권유린), 침략자에 아부한 망국의 책임자들(노론계 친일파), 군부의 폭력에 짓밟힌 보통 사람들(5·18 시민군, 박종철 열사 등)을 생각하면 틀린 말은 아니다.

그러나 노무현의 사고 프레임 '정의 vs 불의', '약자 vs 강자', '진보 vs 보수'는 편가르기 정치라는 비판도 받았다. 보수 주류 세력(재계, 언론계, 법조계)이 비판을 주도했다. 대대적 공세가 있었다. 노무현도 일이 뜻대로 되지 않자 점점 위축되었다. "권력은 시장에 넘어간 것 같다"며 자조하기까지 했다(2005.5.16.). 책임있는 권력자의 언어는 아니었다.

나는 2002년 대선에서 노무현에 투표했고, 지금도 노무현을 애틋하게 생각한다. 그러나 냉정하게 복기해 보면, **노무현의 역사관은 많이 단순했다.** 약자들을 사랑하는 뜨거운 감성은 냉철한 이성으로 뒷받침되지 못했다. 진정성 있는 슬로건을 실현하기 위해 필요한 것들은 선출권력만이 아니었다. 권력을 쥐고 자신의 비전을 실현해 보려 했지만, 상충하는 탐욕들 앞에서 "판판이 깨졌다(노무현본인의표현)."

2004년 총선에서 대승하고, 탄핵 위기에서 벗어난 노무현 대통령은 4대 개혁입법(국가보안법, 사립학교법, 과거사 진상규명법, 언론관계법 폐지 또는 개정)을 추진했다. 노무현의 정체성에 맞는 진보(좌파)적 아젠다의 실천이었다. 국가보안법은 국가폭력에 의한 인권침해를 방지한다는 점에서, 사립학교법은 사학비리 근절 차원에서 명분이 있었다.

그러나 국가보안법 폐지 시도는 종북이라는 낙인찍기로 인해 실패했다. 사립학교법 개정도 사학 오너들의 이권을 대변하던 보수야당(당시 한나라당)의 격렬한 반대를 받았다. 한나라당은 "학교재정에 대한 관선이사의 개입은 **좌파정책**(사유재산 침해)"이라고 비난했다. 노무현은 대화와 타협이라는 원칙을 고집하다가 결국 개혁입법에 실패했다.

4대 개혁입법도 물건너 가고, 지지율도 떨어질 대로 떨어진 노무현은 2006년 12월 21일, 민주평화통일 자문회의 연설에서 경상도 사투리로 이렇게 속내를 털어놓았다:

여론조사 결과 보니까요, 니편 내편 할 거 없이 전부 [노무현이] 잘못했다고 다 꼽표[가위표] 쳐 놨는데, 정말 정치라는 것이 어렵구나, 양심껏 소신껏 뭐 하라 해 쌓는데, "양심껏 소신껏 하면 판판이 깨지는 게 정치구나", 저는 그런 생각을 지금 가지고 있습니다. 그러나 이대로 저는 계속 갈 순 없다, 그… 달라질 건 달라져야 하기 때문에 터질 땐 터지더라도, 다르게 할 건 다르게 하겠다. 그게 단임 정신 아니겠습니까?

인간 노무현의 인성에는 유연성이 없지 않았다. 이념에 연연하는 좌파가 아니었다. 한미 FTA 체결, 전자정부, 기초노령연금과 노인장기요양보험 도입 등 그의 업적은 디테일에 숨어 있다. 임기 5년간 경제지표도 나쁘지 않았다. 그러나 국민들은 권력을 쥐어줘도 행사하지 못하는 무능(개혁입법 실패), 바다이야기(카지노형 오락장) 허용, 부동산값 폭등 문제에 민감하게 반응했다. 노무현은 **무능하고 경박한 대통령**이라는 프레임에 갇혔다.

죽음으로써 지키려 했던 가치

노무현 정부는 정권연장에 실패한다. 보수(우파) 정당 소속의 이명박에게 대통령직을 내줬다. 그는 퇴임 후 서울을 떠난 최초의 대통령이다. 고향인 봉하마을로 내려가 노후를 보내려고 했다. 그러나 2008년 촛불시위 이후 위기감을 느낀 보수세력은 노무현을 편히 살도록 내버려두지 않았다. 친형, 친구, 비서관, 조카 사위, 아들에 이어 아내까지 검찰에 불려갔다. 몇몇 사람은 구속 수감되었다.

2009년 4월 22일, 노무현은 자신의 홈페이지 사람사는 세상에 〈홈페이지를 닫아야 할 때가 온 것 같다〉라는 글을 올렸다. 측근들이 줄줄이 구속되고, 자신에 대한 검찰 수사가 임박한 상황에서 쓴 글이다. 유서를 제외하면 생전에 공개한 마지막 글이다. 정의를 부르짖던 투지는 고갈되고, 자신이 불의가 되었음을 인정했다. 글은 이렇게 끝난다:

더이상 노무현은 여러분이 추구하는 가치의 상징이 될 수가 없습니다. 자격을 상실한 것입니다. 저는 이미 헤어날 수 없는 수렁에 빠져 있습니다. 여러분은 이 수렁에 함께 빠져서는 안 됩니다. **여러분은 저를 버리셔야 합니다.** 적어도 한 발 물러서서 새로운 관점으로 저를 평가해 보는 지혜가 필요합니다. 저는 오늘 아침 이 홈페이지 관리자에게 이 사이트를 정리하자는 제안을 했습니다. 관리자는 이 사이트는 개인 홈페이지가 아니라고 말했습니다. 회원 여러분과 협의를 하자는 이야기로 들렸습니다. 그래서 이 글을 올립니다. 이제 '사람 세상'은 문을 닫는 것이 좋겠습니다.

한달 후인 5월 23일, 노무현은 뒷산 부엉이바위에 올라 투신 자살한다.

노무현은 투박한 외모의 촌사람이었지만, 최종합격 인원이 불과 60명이었던 시절에 사법시험에 합격했다. 오늘날의 기준으로 보면 **흙수저 뇌섹남**이었다(합격자 중 유일한 고졸). 변호사 하면서 돈도 꽤 벌었다. 가난한 MZ들에게도 소구력이 있는 스토리를 지녔다. 소확행의 시대에 변호사를 했다면 적당히 돈벌고 편안하게 살다가 잊혀졌을 것이다.

정치적 위인들은 모두 각자의 위대함을 가지며, 그 위대함이 생성되는 결정적 순간이 있다. 김구는 1896년 국모(민비)의 원수를 갚으려고 주막에서 일본인을 때려 죽였을 때, 이승만은 1910년 프린스턴에서 박사학위를 받았을 때, 박정희는 1938년 보통학교 교사직을 던지고 만주군관학교에 입학하기 위해 만주행 열차를 탔을 때 그런 순간을 맞았다.

노무현에게도 그런 순간이 있었다. 1981년 부림사건 고문 피해자인 학생을 접견했을 때였다. 영화 〈변호인〉을 보면 잘 나온다. 죄없는 대학생을 붙잡아다 몇 달씩 가둬놓고 때리고, 홀어머니에게 알리지도 않아 온 부산바닥을 수소문하게 만들고, 없는 죄를 만들어 잔인하게 처벌하는 불의한 권력에 노무현은 분노했다.
노무현의 의로운 분노는 그의 자기정체성이 되었다. 대결구도가 너무 명확해서 고민할 필요도 없었다. 약자들은 죄가 없는데도 핍박받고, 권력자들은 죄를 짓고도 멀쩡했다. 그는 약자, 부당하게 핍박받는 자, 정의의 편에 서기로 결심했다. 권력자, 국가범죄,

불의에 맞서 싸우기로 결심했다. 싸움에 필요한 것은 용기뿐이었다.

그랬던 노무현이 이제 부패한 권력자의 오명을 쓰게 되었다. 검찰은 "노무현의 친형이 청탁을 받았고, 아내가 기업가로부터 돈을 받았다"고 흘렸다. 노무현은 불의에 맞서 싸웠고, 때로는 승리하기도 했다. 자신이 **선한 권력**이라고 생각했다. 검찰은 그런 노무현의 자기정체성을 훼손시켰다. 노무현은 지지자들에게, "여러분은 저를 버리셔야 합니다"라고 했다. 부탁이 아니라 **명령**이었다. 정의의 가치를 강탈당하지 않으려면 그 수밖에 없었다.

노무현의 죽음을 회고하면, **썩은 부위를 잘라내는 외과 수술**이 자꾸 생각난다. 노무현의 자살은 검찰의 사법처리 시도에 굴복하지 않겠다는 항의였다. (실제로 사법처리는 실패했고, 지지자들도 힘을 얻었다) 〈홈페이지를 닫아야 할 때가 온 것 같다〉를 잘 읽어보면, 지지층을 보호하려는 절박한 심정이 와 닿는다.

이제 그 유명한 노무현의 유서를 보자:

　너무 많은 사람들에게 신세를 졌다.
　나로 말미암아 여러 사람이 받은 고통이 너무 크다.
　앞으로 받을 고통도 헤아릴 수가 없다.
　여생도 남에게 짐이 될 일밖에 없다.

건강이 좋지 않아서 아무것도 할 수가 없다.
책을 읽을 수도 글을 쓸 수도 없다.

너무 슬퍼하지 마라.
삶과 죽음이 모두 자연의 한 조각 아니겠는가?

미안해하지 마라.
누구도 원망하지 마라.
운명이다.

화장해라.
그리고 집 가까운 곳에 아주 작은 비석 하나만 남겨라.
오래된 생각이다.

이 유서의 독자는 누구인가? 노무현은 독자를 애매하게 처리
했다. 가족과 지지자들 모두를 염두에 둔 것은 틀림없다. 일차적
으로는 아내 권양숙 여사에게 한 말 같다. 미안해하지 말라는 말
이 특히 그렇다. 말투도 경상도 사내가 무뚝뚝하게 아내에게 하
는 말투다. 화장하라는 말도 아내나 자녀같은 직계 가족에게나
할 수 있다. 말투가 지나치게 무뚝뚝해 보이지만, 절절한 감정을
억누르기 위해서일 것이다.

노무현은 혐의를 인정하지도 않았고, 억울하다고 항변하지도

않았다. 첫 문단에는 자살을 결심한 이유가 나온다. "나로 말미암아 **여러 사람**이 받는 고통이 너무 크기" 때문이라고 했다. "여러 사람"에는 몇 그룹이 있다. 노무현의 지지그룹을 후원하다 구속된 사람(강금원 회장), 노무현 대신 죄를 뒤집어쓰려고 한 사람(정상문, 이광재), 노무현의 직계가족 중 검찰 조사를 받는 사람(부인 권양숙, 아들 노건호)들이 포함된다.

"미안해하지 마라. 누구도 원망하지 마라"는 가족과 지지자 모두를 향한다. 그런데 가만히 생각해 보면 이상하다. "미안해하지 마라"는 당부는 **유서에 어울리는 말이 아니다.** "먼저 세상을 떠나서 미안하다"가 유서에 더 어울린다. 노무현은 자기가 자살하면 사람들이 미안해 할 것이라고 확신한 것 같다. 실제로 그랬다. 노무현은 "죽을 죄도 아닌데 억울하게 털렸다"고 생각했던 게 분명하다. 하지만 그렇게 말하면 안된다. 그래서 말 대신 몸으로 자기의 의사를 표현했다. 셋푸쿠(할복)하는 일본 사무라이의 존엄에 비견될 만하다.

자기 정체성과 맞바꾼 생명

노무현의 이러한 도덕적 확신은 어디에서 나올까? **"누구도 원망하지 마라"**는 당부에 힌트가 있다. **누구**는 이명박, 검찰, 국정원, 국세청 등이다. 노무현은 "나를 쓰러뜨리려는 과도한 공격이 자행되고 있다. 나는 그 비열한 공격을 피하기 위해 스스로 생을 마감한다. 그래도 공격자들이 나를 직접 해친 것은 아니니 그들을 원망

하지 마라"고 말한 것이다. 노무현은 끝내 희생자의 정체성을 지
니고 있었다. 이 점에서 그는 일본 사무라이는 아니다.

노무현은 "내 허물을 감안하더라도 나를 공격하는 놈들(이명박, 검
찰, 국정원, 국세청)보다는 내가 도덕적으로 우월하다"고 믿었다. MZ들
은 다르게 느낄 수 있지만, 이것은 명백한 사실이다. "민좆당 착한
척 오진다. 내로남불 그만. 토나옴" 같은 조롱은 내막을 알고 하는
말이 아니다. 내로남불 공격은 아껴 써야 할 무기다. 로맨스와 불륜
은 본질적으로 같은 행위일지 모르지만, 각 사건의 규모와 경중은
따져야 한다.

노무현이 죽자 검찰은 당황했다. 수사받던 피의자가 자살하는
일은 종종 있지만, 이번 상대는 전직 대통령이었다. "공소권 없
음" 운운하며 달아나버렸다. 지지자들은 예상되는 반응을 보였
다. 너무 성급하게 "비리 정치인"이라고 판단했다며 **미안해했다.**
영결식에서 전 국무총리 한명숙은 추도사를 시작하자마자 "지
켜드리지 못해 미안합니다"라며 울음을 터뜨렸다. 지지자들은
"의로운 약자"라는 감정적 자기정체성 속에서 다시 결집했다.

요즘 MZ 청년들의 다수는 좌파와 페미니즘의 감성팔이를 싫
어한다. 약자 코스프레도 비웃음거리가 된다. 노무현도 그래서
비판받고, 디시나 일베에서 조롱당한다. 그런데 말은 똑바로 해
야 한다. **노무현은 약자가 아니었다. 약자의 변호인이었을 뿐이다.**
"외부에서 약자를 원조(구원)한다"는 자기 정체성은 낡았고, 단순

하고, 교만하다. 정의감이 넘치는 사람들이 하는 선택이지만, 실패의 대가도 크다(역사적 예수도 여기에 해당된다).

노무현은 약자가 성공하는 것, 최소한 부당하게 짓밟히지 않는 것이 정의라고 생각했다. 그 생각을 실현하기 위해 많은 것을 잃었다. 그런데 세상에는 비겁하고 교활한 약자도 있다. 약자들의 이러한 분화를 깨닫기에는 노무현은 조금 구세대 인물이었다. 한편 강자들은 노무현이 나댄다고 생각했다. 그에게 불의의 낙인을 씌웠다. **노무현은 강자에게 꿇기보다 그냥 판을 엎어버렸다.** 노무현다운 선택이었다.

노무현의 운명, 비극의 파토스

노무현은 자살을 선택함으로써 정치를 감정적 투쟁으로 여기는 일각의 태도를 승인한 셈이 되었다. 정치는 사회적 갈등의 이성적 해결수단이 아닌 파토스가 충돌하는 장으로 변했다. 약자를 위한 구원자 정체성을 가진 사람도 국가권력자가 되면 약자의 목소리만을 들을 수 없다. 국가는 약자보호의 가치를 정책으로 보조할 수 있을 뿐이다.

노무현 대통령은 이미 임기중에 약자의 감성을 거스르는 많은 선택을 했다(이라크 파병, 부안 핵폐기물 처리장 건설 강행, 한미 FTA 추진). 그럼에도 보수세력은 정권을 빼앗은 노무현에 대한 증오를 거두지 않았다. 노무현은 한때 국가적 이성과 약자의 감성 사이에서 조화를 추구했지만, 비극적 죽음을 선택함으로써 감성정치의 아이콘으로 돌아가 버렸다.

노무현의 운명은 그리스 비극과 비슷한 점이 많다. 그리스 비극에는 **피흘리는 결정적 사건**이 중심에 놓인다. 관객은 그 장면을 보면서 충격을 받고, 대리경험을 통해서 감정이 정화되는 것을 느낀다(카타르시스). 나도 인간이기에 저렇게 될 수 있다는 공포감, 인간의 한계에 대한 신비로운 깨달음, 나는 아직 괜찮다는 이상한 안도감이 뒤섞이면서 감정이 고양된다. 이것을 고대 그리스인들은 카타르시스라고 했다.

〈노무현〉이라는 제목의 그리스 비극은 2000년 이전에 태어난 대한민국 국민이라면 모두 보았다. 문재인은 그중 가장 중요한 관객이었다. 비극의 관객들은 이성적이기보다는 감정적이다. 멀쩡한 사람도 감정적이 되도록 만드는 것이 비극이다. 그러나 온전한 인간은 감정의 폭발을 통제할 수 있는 지혜가 있다. 문재인은 한때 그런 지혜로운 사람처럼 보였다.

그리스 비극의 에필로그

2009년 5월 29일, 6일간의 국민장이 끝나는 날이었다. 봉하마을은 밤새 발인 준비로 바빴다. 발인은 장례를 위해 시신을 화장터나 묘자리로 옮기는 절차다. 그런데 노무현의 시신은 특별한 행선지를 들러야 했다. 오전 11시 경복궁 앞뜰에서 영결식이 있었다. 영결식이 끝나면 서울광장 노제도 예정되어 있었다. 봉하마을에서 경복궁까지의 거리는 약 380km다. 운구차는 4시간 이상 이동해야 했다. 시간이 촉박했다.

영결식에는 국내 정계의 거물들이 모두 참석했다. 전두환, 노태우, 김영삼, 김대중 네 사람이 한자리에 모였다. 한국 현대사를 통틀어도 보기 힘든 희귀한 장면이었다. 영결식이 시작되고, 현직 대통령 이명박이 분향을 위해 다가갔다. 이때 민주당 백원우 의원이 이명박 쪽으로 달려 나왔다. "어디서 분향을 해! **살인자!**"라고 외쳤다. 경호원들이 입을 막아 제지시켰다. 이명박은 뒤를 힐끗 쳐다봤다.

이명박은 소란이 있었다는 것을 알아챘다. 분향을 마치고 제자리로 돌아왔다. 백원우 의원은 경호원들에게 제압당해 다시 착석했다. "이명박 대통령은 노무현 대통령에게 사과하십시오"라고 중얼거리면서 씩씩댔다. 많은 사람들도 검찰수사의 배후에 이명박이 있다고 생각하고 있었다. 이명박은 불쾌했다. 이명박은 속이 좁고 임기가 많이 남은 대통령이었다.

이명박은 어쨌든 조문객이었다. 수습해야 했다. 문재인이 나섰다. 노무현의 부산 시절 동료이고 장례식 상주이니 나서는 게 당연했다. 사실 직계가족이 아닌 사람이 상주를 맡은 것은 이례적인 일이다. 노무현이 워낙 거물이었으므로 장남 노건호 씨로서는 너무나 큰 행사를 치르기에 힘이 부쳤을 것이다. 그래서 문재인이 공동 상주로 나섰던 것 같다.

문재인은 이명박 대통령 앞으로 다가갔다. "결례가 됐다. 조문 오신 분한테 예의가 아니게 됐다"고 머리를 숙였다. 이명박은 "괜찮다. 이해한다. 개의치 마라"고 화답했다. **영결식은 〈노무현〉**

이라는 그리스 비극의 에필로그와 같았다. 문재인은 슬픔을 누르고 이성적이고 차분한 사람이라는 평판을 얻었다.

그때까지 문재인은 그다지 주목받는 정치인은 아니었다. 노무현 밑에서 민정수석과 비서실장만 했고, 국회의원 경험은 아예 없었으니 정치인이라고 하기도 애매했다. 그러나 이 날의 이 장면은 많은 사람들의 기억에 각인됐다. 누군가 노무현의 뒤를 이을 정치인을 키우려고 했다면, 문재인이 가장 유력해지는 순간이었다.

2022년 1월 20일
문재인과 두 버전의 한국경제

2021년 서울시장 보궐선거, 2022년 대통령 선거에서 이준석의 세대포위론은 재미를 보았다. 전통적 6070 보수 + 신세대 2030 보수가 4050 진보 유권자들을 포위해서 승리한다는 전략인데, 특히 2030과 6070의 연합은 곡예와 같은 고난도의 기술이었다. 그러나 이준석은 문재인과 민주당에 대한 청년층의 반감을 이용해 이 곡예를 성공시켰다.

2030과 6070은 문재인을 싫어하는 이유부터가 다르다. 6070 사이에서 문재인의 별명은 '**문재앙**'이다. "공산주의자 문재인이 나라를 망친다"는 모략에서 비롯된 별명이다. 타격감이 좋고 입에도 착착 달라붙는다. 2030 커뮤에서는 '**훠훠훠**'도 쓰인다. 정치인 문재인의 정책 실패에 대한 반감 때문에 자연인 문재인의 웃음소리조차 혐오당하고 있다.

문재인: 박근혜 대항마로 급조된 진보진영의 리더

정치인이 되기 전(정확히 말해 2012년 총선에 출마하기 전)까지 문재인에 대한 세평은 나쁘지 않았다. 1970년대에 유신반대 데모를 하다가 강제 징집돼서 특전사로 군복무를 했다. **주특기가 무려 폭파**였다! 보수 정치인들 중에서도 찾기 힘든 스펙이다. 제대 후에는 조용히 사시를 보아 합격했고, 노무현과 함께 변호사를 했다. 노무현이 1988년 정치에 뛰어들었을 때도 문재인은 집과 사무실과 법정만을 오갔다.

2003년 노무현이 대통령이 되자 청와대 민정수석으로 입성했다. 인생 최초로 서울에서 잡은 직장이었다. 거기서도 나대지 않고 묵묵히 자기 일만 열심히 했다. 법무장관 시켜 준대도 거절했다. 비서실장이 되어 대통령 노무현을 보좌했지만, 청와대를 떠나면서 한 말은 **"해방이다!"**였다. 답답한 면은 있어도 성실하고 착한 사람 같아 보였다.

그러던 문재인이 2009년 5월 23일 이후 달라졌다. 누가 시켰는지, 본인이 원했는지는 모르겠지만 정계입문설, 대선출마설이 모락모락 피어올랐다. 노무현 2주기 직후 문재인은 정치색 짙은 자서전 〈문재인의 운명〉을 냈다. 이듬해 총선에 출마해 부산 사상구에서 당선됐다. **대통령 비서실장을 지낸 59세의 초선의원**……. 뭔가 부조화스런 스펙이었다.

당시 야권은 노무현 사망 이후 지지율이 상승세였다. 중도에서도 이명박은 탐욕스럽고 부패했다는 이미지가 박혀 있었다. 그런데 야권은 2012년 대선에 내세울 대통령감이 마땅치 않았다. 여권은 박근혜가 나올 것이 확실했다. 이 상황에서 문재인은 대항마로 급조된 감이 있다. 노무현의 시즌 2로 문재인이 적합하다는 공감대가 형성되었다. 시시한 당내경선을 거쳐 문재인은 대선후보가 됐다.

그런데 문재인과 그 추대 그룹인 86세대들이 놓친 것이 있었다. 노무현에 대한 기억은 강성지지층을 창출했지만, 관망층을 소외시켰고 적대세력을 더욱 멀어지게 했다. **노무현 사후 탄생한 일베는** 노무현에 대한 추모의 움직임을 '시체팔이'나 '관짝장사'라며 조롱했다. 2010년대 내내 신세대들이 지속적으로 유입되면서 패드립은 놀이장르로 변질됐다. 노무현 조롱 전문 온라인 가수(MC무현)까지 등장했다. 나이든 노무현 지지층은 이런 게 있는 줄도 모른다.

문재인은 약자의 편에 선다는 노무현 정신을 이어받았다. 나쁘게 말하자면 "낡은 진보"의 프레임에 갇혀 있었다. 문재인의 정치적 가치는 노무현의 억울한 죽음으로 부활했지만, 세상을 강자 vs 약자, 부자 vs 빈자, 선 vs 악으로 단순화하는 세계관을 벗어나지 못했다는 의심을 받았다. 2012년 문재인 캠프의 "사람이 먼저"라는 슬로건은 좌파(?)들의 떼쓰기로 악용될 소지가 있었다.

안철수: 탐욕스러워 보이지 않는 부자 정치인의 탄생

문재인에게 마음을 선뜻 주지 않는 중도층의 마음을 파고든

뉴페이스가 안철수였다. 약자를 배려하는 제스처의 면에서 안철수는 문재인보다 훨씬 세련됐다. "함께 살아야 한다(상생)"는 정제된 메시지만 내놨다. IT 대기업의 오너였으니 좌파라는 흑색선전에 시달릴 일도 없었다. 자수성가했으니 특권에서도 자유로워 보였다. 안철수는 **탐욕스럽지 않게 부자가 되고 싶어하는 중도층**, 특히 청년층의 관심을 끌었다.

안철수는 서울의대 졸업에 의대교수를 지낸 대한민국 최강의 스펙을 지녔다. 집집마다 보급된 개인용 컴퓨터의 백신 회사 오너였다. 백신을 무료 공급했고, 회사명에 자기 이름을 박아넣었다(안철수연구소). 2011년 여름엔 전국 대학을 순회하며 청춘콘서트를 열었다. 청춘멘토를 자처하면서 "정치인 안철수"가 되어갔다.

어떤 의미에서 안철수는 1981년의 노무현이 업그레이드된 2011년식 버전이었다. 두 사람은 이기심과 사욕에 초연한 듯이 행동했다. 노무현은 국가폭력에 의해 희생된 학생을 무료로 변론했다. 안철수는 자신의 노력으로 개발한 지적 재산을 무료로 제공했다. 이기주의에 빠지지 않고 공동체를 지향하는 마음이 있었다.

안철수가 진화한 노무현이라면, 진화의 계기들이 중요하다. 정치에 눈뜨는 순간을 기준으로 삼아 판단해 보자. 1981년(노무현)에서 2011년(안철수) 사이에는 너무나 많은 일들이 있었다. 80년대는 경제성장, 90년대는 민주화, 2000년대는 정보화(인터넷 보급), 2010년대는 온라인 개인주의(스마트폰 보급)의 시대였다.

시대가 복잡해지면서 약자의 범주도 세분화되었다. 노무현은 부당하게 핍박받는 약자를 맨투맨으로 도왔다. 그의 정체성은 "약자를 위한 조력자"였다. 자신의 법률지식으로 약자를 돕는다는 컨셉이다. 그런데 노무현은 가난하지는 않아도 큰 부자는 아니었다. 변호사도 결국은 남이 주는 수고비로 먹고사는 직업이니 당연했다. 자산축적에도 한계가 있다. 노무현은 사람들에게 **부자가 될 수 있다는 비전**은 주지 못했다.

그런데 안철수의 정체성은 "착한 기업가"였다. 자기 회사를 세웠고, 꼭 필요한 아이템의 선각자여서 큰 돈을 벌었다. 안철수는 노무현과 달리 "남한테 월급을 주는 사람"이었다. 게다가 백신을 무료보급해 다수의 온라인 유저들에게 실질적 도움을 줬다. "착한 부자"라는 자기 정체성을 수립했다. 안철수가 가장 좋아했던 말이 '공정'과 '상생'이었다. 안철수의 맥락에서 공정은 "**경쟁**을 공정하게 하자"는 말이다. 무임승차나 떼쓰기는 설 자리가 없다.

80년대의 약자들은 노동자, 농민, 도시빈민, 여성이었다. 2025년의 기준으로 보면 모두 낡은 범주들이다. 대기업 정규직은 더이상 약자가 아니다. 농민은 숫자도 줄었고, 농촌공동체는 소멸의 위기에 처해 있다. 도시빈민은 이제 숫자도 얼마 안되거니와, 얼굴을 내밀기보다 골방으로 숨는다. 여성도 더이상 일률적으로 약자 범주에 들어가지 않는다. 여성 전부를 약자로 간주하는 낡은 생각은 청년 남성들의 분노를 증폭시킬 뿐이다.

게다가 2010년 이후 "약자＝빈자＝루저"라는 노골적 인식이 강화됐다. 청년들도 약자 정체성을 싫어하게 되었다. 그들은 "자기가 손해보지 않는 경쟁의 룰"이 적용되는 판에서 부자가 되길 원한다. 최소한 **쪽팔리지 않는 수준의 물질적 부**를 얻길 원한다. 그들의 목표는 영앤리치고, 그들의 신은 나스닥이다. 없어도 남한테 보일 때는 있는 것처럼 보여야 한다.

문재인은 이런 점에서도 안철수보다 불리했다. 문재인은 노무현 추모정서라는 막대한 정치적 자산을 물려받았다. 물론 이 정서에 피로감을 느끼는 사람들도 많았다. 죽은 노무현 못지않게 불쌍한 산 사람들도 많았기 때문이다. "도대체 대통령까지 지낸 사람을 우리가 언제까지 불쌍히 여겨야 하나?" 일부 청년층 사이에서 노무현 지지자는 **울보들**처럼 보였다.

일베: 체념한 약육강식 세계관의 숭배자들

일베는 노무현 추모열기와 같은 시기에 가장 먼 곳에서 탄생했다. 일베의 기원은 2009년 7월이다(2010년 4월설도 있음). 디시인사이드의 유저들은 베스트 게시물로 선정되기 위해 게시물의 자극성을 높이는 경쟁을 하고 있었다. 디시인사이드 관리자는 자정 차원에서 수위가 높은 게시물을 삭제했다. 그러자 유저들은 자신들이 심혈을 기울여 만든 콘텐츠가 삭제당하기 전에 모아두는 공간(아카이브)을 만들었다. 이것이 **일간베스트저장소**의 시작이었다.

일베는 노무현의 슬로건 정치에 반감을 지닌 청년 남성층에서 인기를 끌었다. 일게이들은 "성실한 약자들이 잘 사는 세상"이라는 노무현의 비전에 관심이 없었다. 그런 세상을 만들려면 지도자가 능력을 갖춰야 하고, 사람들을 움직일 수 있어야 한다. 그런데 노무현은 "그런 세상을 만들고 싶다"는 열망 외에는 가진 것이 없었다.

노무현은 선의와 권력만 있으면 "약자들도 잘사는 세상"을 만들 수 있을 거라고 믿었을지 모른다. 그러나 그가 대선에서 얻은 것은 행정권력 뿐이었다. 민주 사회의 행정권은 입법권의 통제를 받아야 한다. 고도자본주의 국가에서는 자본권력과 언론권력도 강하다. 노무현은 자기 과업의 난이도를 과소평가했던 것 같다.

노무현은 약자를 도와주려고 했다. 어려운 약속을 지키겠다고 나섰다. 존경받을 일이다. 다만 약속을 지키지 못할 때, 존경은 순식간에 경멸과 조롱으로 바뀐다. 착하게 살기로 결심한 사람이 조그만 나쁜 짓이라도 발각당하면 서투른 위선자로 공격당한다. 인간은 타인의 서투름을 보면 조롱하고 싶어진다. 노무현, 조국, 박원순이 동일한 패턴에 의해 당했다.

반면 일게이들은 걱정이 없다. 인간이 '벌레'고, '병신'이고, '고깃덩어리'에 불과하다는 냉혹한 자연법칙을 따르기 때문이다. 그들이 보기에 "땀흘린 사람들이 잘사는 세상"이라는 노무현의 비전은 자연법칙을 거스른다. 그들의 세계관에 의하면 사회적 약자가 가난한 것은 해결해야 할 사회문제가 아니라 합법 칙적 자연현상이다. 그들에게는 "특권층과 강자가 독식하는 세 상"의 비전이 더욱 진실되다. 좌파도 실수를 할 수 있는 나약한 인간들이므로, 시간은 일게이들의 편이다.

진보좌파는 언제든지 자신의 실수가 발각되기만 하면 위선자 로 낙인찍힐 수 있다. 리스크가 크다. 반면 보수우파는 부패가 발 견돼도 별로 시끄럽지 않다. 리스크가 적다. 심지어 진성 일게이 들은 자연법칙이 자기 자신을 공격하더라도 (치명적이지 않은 한) 받 아들인다. "나는 병신이다"라고 당당하게 고백한다. 잃을 것이 없으니 눈치볼 것도 없다. 더 높은 수위로 적대자를 조롱하기만 하면, 일정한 승리의 감정이 위안을 준다.

일베의 황금기

노무현 이후 보수우파 정권은 9년간 지속됐다. 전반기는 이명 박 정권(2008~2013), 후반기는 박근혜 정권(2013~2016)이었다. 이 시기는 오프라인 여론은 나빴지만 사실은 **일베의 황금기**였다. 정 치적 환경뿐 아니라 인프라 면에서도 그랬다. 일단 전국민의 손에 스마트폰이 하나씩 쥐어졌다. 페이스북, 트위터, 인스타그램이 극 단의 온라인 개인주의를 확산시켰다. 이미지와 음성 합성기술이 대중화됐다. 유튜브 플랫폼이 콘텐츠 확산의 날개를 달어주었다.

노무현은 자살을 선택함으로써 오프라인 정치에선 부활했지 만, 온라인에선 회복불능 수준의 조롱에 노출되었다. 노무현의 목소리와 영상들을 합성해 만든 조롱의 노래들, 특히 MC무현의 주옥(?)같은 작품들이 탄생했다. 이 노래들은 너무 유명해져서 1020 남자들 사이에서 거의 그 존재를 모르는 사람들이 없을 정도가 되었다. 광주학살 희생자의 관을 '홍어택배'로, 세월호 희생자를 '어묵'으로 호칭하는 멘탈의 산물이다.

세월호 사건이 터지기 4일 전인 2014년 4월 12일, 일베저장소에서 '앙앙앙앙'이라는 유저가 뮤직비디오 영상 **응디시티**(엉덩이+도시)'를 게시했다. 노무현이 대통령 시절 특유의 천박한(야성적인) 말투로 핏대를 올려 연설하는 내용을 뽑아 재배열했다. 방바닥에서 엉덩이를 보이며 체조하는 모습을 우스꽝스럽게 편집했다. 응디시티는 조회수가 1,600만 회(2021년 12월 19일 기준)를 찍으며 대박을 쳤다.

MC무현은 1020 남자들 사이에서 모르는 사람이 거의 없다. 40대 중후반부터는 대부분 그 존재조차 모를 것이다. 온라인 세계에는 이렇게 심각한 세대분열이 있다. 1973년생인 역사 유튜버 겸 강사 황현필은 구독자가 109만명(2025년 3월 기준)인데, 자신의 구독자가 2030 구간에서 급감한다고 탄식한다. 스마트폰 강점기(특히 남성) 유저들은 "MC무현을 아는 사람"과 "황현필을 아는 사람"으로 나뉠 것이다. 양자의 교집합은 극소수다.

일베는 온라인 세계의 한 구역을 밀폐시키고 온갖 더러움과 광기어린 놀이로 가득 채운다. 그 안에서 일게이들은 웃고 즐긴다. 그들의 웃음소리에 비례해서 그들의 실존은 오프라인 세계에서 멀어진다. 내부에서는 이 광란의 상태가 정상이 된다. 간단한 테스트도 가능하다: MC무현의 뮤비 동영상을 보고 화가 난다면 당신은 **86세대**나 **4050**이다. 조롱의 의도를 이해하거나 공감하면 **2030**이다. 뜻도 모르고 깔깔대면 **10대 급식충**이다.

문재인 정부의 자기결산

2017년 5월 10일, 문재인은 제19대 대한민국 대통령에 취임했다. 그에게 놓인 현실은 노무현식 정의감만으로 감당하기 버거운 것이었다. 스마트폰 강점기로 인한 개인주의는 극에 달했고, 박근혜 정부의 재난관리 실패로 인해 사회에는 각자도생을 외치는 냉소주의가 만연했다. 온라인 세계와 관련된 신산업 이슈도 까다로웠다(특정 사이트 차단, 게임규제, 디지털 성범죄 예방을 명분으로 한 카카오톡 검열 사태 등). 젠더갈등도 폭발하고 있었다.

박근혜 정권이 탄핵심판 끝에 대통령의 파면으로 끝나면서 정치적 혼란도 극복해야 했다. 남북관계도 최악이었다. 2016년 북한의 핵실험과 개성공단 폐쇄, 2017년 마지막 핵실험 등이 이어지면서 남북갈등은 전쟁위기로 확산되었다. THAAD 배치를 둘러싼 대중외교 문제도 심각했다. 수출이 2011년 이후 안정적으로 5천억 달러 선을 유지하면서 GDP가 3% 내외 선에서 꾸준히 상승한 것, 금리와 물가가 안정되어 있었던 것이 그나마 다행이었다.

2010년대 한국경제를 견인한 반도체, 자동차, 스마트폰, 컴퓨터, 석유화학, 선박 등의 수출 증대는 민간기업의 성과였다. 정부는 국내정치 안정, 한반도 위기관리 외교를 통해 간접적으로 지원하기만 하면 되는 상황이었다. 문재인 정부는 집권 초기에 남북관계를 개선했고, 집권 후반기에 터진 코로나 사태도 성공적으로 관리했다. 거시경제 성적표도 나쁘지 않았다. 코로나 첫 해였던 2020년만 제외하고는 GDP와 수출이 모두 양호했다. 그 2020년이 1인당 국민총소득에서 이탈리아를 제치고 선진국으로 진입한 해였다.

물론 반대 진영에서는 문재인 정부에 매우 야박한 평가를 내린다. 소득주도성장을 명목으로 임시직 인건비 같은 일회성 지출을 늘렸다거나, 조국 사태와 부동산 폭등에서 보듯이 청년층의 상대적 박탈감을 증대시켰다는 비판이 강하다. 객관적으로 볼 때 문재인은 평화로운 시절이었다면 평타 이상은 쳤을 지도자였지만, 정치경제적 난세를 헤쳐나가기에는 지나치게 내향적이고 정파적인 정치인이었다는 평가가 많다.

요약하자면, 문재인 정부에서 대기업의 실적은 좋아졌으나 다수 청년들이 선호하는 질좋은 일자리의 수는 증가하지 않았다. 문재인이 약속한 기회의 평등과 양극화 해소는 이루어지지 않았다. 문재인 정부 시기 청년들이 "모두가 행복할 수 없다면 행복한 사람을 결정하는 경쟁만이라도 **공정**하게 해 달라"고 짜증섞인 절규를 했던 것도 이 때문이었다.

상호 대결하는 두 개의 "공정" 개념

MZ세대들은 공정을 "경쟁과정의 페어한 룰의 집행"으로 이해한다. 자본주의적 경쟁을 불변의 지상법칙으로 인정하고, 경쟁의 룰에만 관심을 집중한다. 2020년 인천공항 협력업체 소속 보안검색원들을 정규직화하려고 할 때 2030의 여론은 뜻밖에도 격렬한 반대였다. "공개경쟁채용이 아니면 페어한 룰이 아니"라고 생각하는 청년들이 많았다. 비정규직 해소의 사회적 가치보다 소수가 얻게 되는 혜택의 부당함이 강조되었다.

인류학에서는 "**인간은 언어를 사용**하는 동물(homo loquens)"이라고 말한다. 완전히 틀린 말이다. "**언어가 인간을 사용**한다"고 해야 진실에 가깝다. 언어(낱말)의 수명은 개별 인간보다 훨씬 길다. 86세대들은 경쟁보다 협동, 승자독식보다 나눔의 가치를 중시하면서 자랐다. 그들은 '공정'이라는 단어를 "구조적 차별과 착취로 인한 불평등 해소"로 이해했다. MZ세대의 "페어한 룰"이라는 공정 개념은 86세대의 언어 이해에 대한 반발이다.

86세대는 (최소한 이론으로나마) 평등과 정의를 강조했다. 공정이라는 단어의 의미를 "구조적 불평등 해소"로 이해했다. 그러나 IMF 이후 청년들에게 평등과 정의라는 가치는 너무 멀리 있다. 그런 가치는 위선으로 느껴진다. 그들에게 자본주의적 경쟁은 신성불가침의 선험적 조건이다. 남은 가치는 공정뿐이고, 그래서 더욱 철저히 지켜져야 한다. **경쟁의 공정성**은 멀리 있는 이상이 아니라 생존을 위해 필요한 눈앞의 핵심가치다.

문재인 대통령은 이런 변화를 알고 있었을까? 2022년 4월 25일, 퇴임을 약 보름 앞둔 문재인 대통령은 JTBC 전 사장 손석희와 특별대담을 진행했다. 평소 말수가 적은 문재인의 사안별 생각을 비교적 상세하게 알 수 있는 중요한 대담이었다. 여기서 문재인이 공정이라는 가치에 대해 상당히 **나이브한 인식**을 하고 있었음을 확인할 수 있는 부분이 있다.

> **손석희:** 기회는 평등, 과정은 공정, 결과는 정의. 어떻게 보면 문재인 정부를 나타내는 하나의 상징적 단어처럼 돼 있기도 한데 다만 그런 부분들이 이루어지지 않은 부분에 대해서는 굉장히 안타까워하는 분들도 많이 계시고.
>
> **문재인:** 어쨌든 제가 평가할 수는 없는데, 다만 그래도 많이 어느 정도 이루었다고 생각하시는 분들이 계실 테고, 기대에 많이 못 미쳤다라고 생각하는 분들이 계실 테고, 또 한편으로는 **공정이나 정의나 평등을 위한 노력 자체를 반대하는 그런 분들도 계시니까요.**

문재인의 말과 달리 공정, 정의, 평등 자체를 대놓고 반대하는 사람은 많지 않다. 보수 기득권층 가운데 평등을 사회주의 이념으로 간주해 거부감을 갖는 사람들이 있긴 하다. 그러나 정의(justice)는 말 그대로 "올바름"을 뜻하므로 이것을 반대한다는 것은 존재의 모순이다. 공정을 향한 노력을 반대한다는 것도 상식선에서는 있을 수 없는 일이다.

전통적 개념의 좌파들이 경제정의와 평등을 추구하다 공격당한 사례는 많다(예: 그라쿠스 형제의 죽음, 로베스피에르의 처형, 레닌의 망명). 그러나 공정은 (비록 뜻은 달라졌을지라도) 이 시대의 청년들도 격하게 추구하는 핵심 가치의 하나다. 문재인은 퇴임 직전까지도 이러한 청년 세대의 새로운 공정 개념을 공감하지 못하고 있었다.

문재인이 청년들의 공정 개념이 편협하다고 지적하거나, 자신의 공정 개념을 적극적으로 설득하려는 노력을 한 것도 아니다. 설령 노력했다고 하더라도, 아마 꼰대라는 반발이나 들었을 것이다. 청년들이 공정을 "페어한 룰"로 완고하게 이해하게 된 데는 역사적 맥락이 있다. 문재인을 포함한 기성세대의 책임도 컸다.

IMF 이후 신자유주의가 한국에 본격적으로 수입되었다. 실력을 입증한 자만이 소수의 좋은 일자리를 차지할 수 있는 새로운 정글이 펼쳐졌다. 스펙쌓기 경쟁은 끝없이 치열해졌다. 질좋은 일자리를 놓고 전쟁이 벌어졌다. 우수한 청년들 사이에서도 좌절이 일상화됐다. 실패가 겹치면서 포기와 체념이 시대정신이 되어갔다.

외면적 풍요와 내면적 체념의 간극은 점점 벌어졌다. 밥을 굶어본 기성세대들은 청년들의 겉모습만 보고 "약해 빠졌다, 노력이 부족하다"고 핀잔을 줬다. 그러나 기성세대들도 이 시대의 경쟁 강도를 직접 경험해본 적은 없었다. 이 사실을 감지한 청년들은 '노력'을 '**노오력**'이라고 쓰면서 비아냥댔다. 혐오와 조롱으로 기성세대에게 복수했다.

이 시대의 청년들은 쓸모있는 인간임을 입증하는 실존적 투쟁 하나만으로도 충분히 버겁다. 사회는 노력을 보상해 주지도 않으면서, 실패자에게 무능력자의 낙인을 찍는다. 이러한 상황의 청년들에게 "사회의 구조적 불평등을 해소하자"는 주장은 반발만 일으킬 뿐이다. 문재인은 이런 델리킷한 문제를 간과한 탓에 정권연장에 실패하고 말았다.

20대 남자의 문재인 정권 결산

문재인과 손석희 대담이 있기 대략 3개월 전인 2022년 1월 20일, 국민의힘 청년대변인 박민영은 KBS에 출연해 국민의힘 대통령 후보를 위한 방송연설을 했다. 1993년생으로 당시 28세였다. 로봇 같은 날카로운 외모를 지닌 박민영은, 나국대(나는 국민의힘 대변인) 출신다운 탁월한 언변으로 문재인 정부 5년의 경제 실태를 이렇게 요약했다:

> ... 민주당 정권이 청년들을 미래를 송두리째 빼앗아 갔기 때문입니다.
> 단 5년 만에 어떻게 이렇게 청년들의 삶을 무너뜨릴 수 있는지 정말 기가 막히고 놀라울 지경입니다.
> 청년 체감 실업률이 무려 27%에 달하고, 직업 교육조차 안받는 니트족 22%, 정의상으로는 외출조차 하지 않는 은둔청년 3.4%.
> 20대 청년의 순자산은 35%나 감소했습니다. 일하고 싶어도 일

할 곳을 찾을 수가 없고, 정규직과 비정규직, 대기업과 중소기업의 격차는 이 정부 들어 오히려 더 크게 벌어졌습니다

설상가상 서울의 집값은 2배 넘게 올랐고 결혼을 앞둔 청년들은 치솟은 전월세와 대출 규제로 당장 들어가 살 집을 구하기도 힘듭니다.

부모 세대보다 가난한 최초의 세대.

바로 민주당 정권이 우리 청년세대에게 붙여놓은 딱지입니다.

다시한번 강조하지만, 문재인 정부 5년간의 거시경제 지표는 나쁘지 않았다. 문재인 정부 때 한국이 선진국에 진입한 것도 팩트다. 그런데 국민의힘 청년대변인은 왜 이렇게 경제가 박살난 것처럼 이야기하는 것일까? 아무리 자기만의 진실을 믿으면서 살아가는 스마트폰 강점기라 하지만, **문재인의 한국경제와 박민영의 한국경제**가 따로 있기라도 한가?

놀랍게도 정답은 '그렇다'이다. 문재인의 한국경제는 거시경제 지표로 본 경제고, 박민영의 한국경제는 청년이 체감하는 실물경제다. 경제학과 출신의 박민영은 데이터를 정확하게 인용했다. 예컨대 20대 청년가구의 순자산 35% 감소는 근로소득 감소와 주거비 및 각종 대출의 증가 탓이다. 신규로 노동시장에 유입되는 청년을 위한 양질의 일자리 감소와 부동산 가격상승이 원인이었다.

대기업 근무자나 전문직인 1인가구 청년이라 해도 부동산 대출이 많다면 총자산은 당분간 줄어들 수 있다. 부동산을 가진 기성세대가 청년층의 가처분소득과 자산을 갉아먹는 셈이다. 부동산 임대를 통해 부유한 자가 가난한 자의 소득과 자산을 갉아먹고, 불평등은 더욱 심화된다. 자산 불평등은 정책만이 아닌 만연한 탐욕의 결과이기도 하다.

물론 대통령 신분의 문재인이 "최근의 청년가구 자산감소는 정부정책 탓이 아닌 기성세대 부동산 소유자들의 탐욕의 결과"라고 말했다면 더 큰 비난을 받았을 것이다. 문재인은 손석희와의 대담에서 "자산의 불평등이 더 확대되는 부분은 막지 못했다"고 언급하는 선에서 멈췄고, 그 책임을 타인에게 떠넘기지는 않았다.

그러나 그걸로 청년층의 분노가 가라앉지는 않는다. 박민영이 지적한 대로 문재인 정부 때 서울의 집값은 2배 넘게 올랐기 때문이다. "집은 남자, 혼수는 여자"라는 암묵의 룰이 작용하는 결혼시장에서 예비 신랑들의 상황은 **헬조선 매운맛**이다. 이 와중에도 기성세대라는 사람들은 입으로는 출산율 감소를 걱정하고, 내심으로 아파트값 상승에 흐뭇해하는 자아분열을 매일같이 경험하고 있다.

진보정권, 탐욕의 바다 위에서 난파하다

청년들에게도 문제는 있다. 경제위기의 기억이 어렴풋할 뿐인

한국의 2030들, 특히 Z세대들은 항상 부유한 생활을 직접 누렸거나 최소한 관찰하며 성장했다. 기성세대가 자산을 축적한 과정의 어려움은 알지 못한 채, 그들이 소유한 것처럼 보이는 자산의 규모에 꽂혀 시기와 질투를 품기도 한다. 비교질은 스마트폰 강점기 한국인의 종족특성이다. 빠른 성공이라는 강박관념과 **경제적 자유**라는 주술은 상식이 되어버린다. 탐욕은 전염된다.

스마트폰 강점기의 인류는 누구나 자신만의 진실을 가지고 살아간다. **진실은 중고생 문제집 정답지의 형태로 존재하지 않는다.** 사람들은 자기만의 진실을 스토리로 풀어낸다. 문재인은 5년간의 한국경제 스토리를 가지고 있다. 부끄러운 부분은 감추고, 잊어버리고 싶어한다. 자랑스러운 부분은 당당하게 말하고, 타인에게도 설득하고 싶어한다.

문재인만 그런 것이 아니라 우리 모두 그렇다. 박민영도 마찬가지다. 인간은 세계의 전모를 파악할 수 없다. 21세기를 살아가는 우리 인류는 극단적 개인주의의 병에 걸려 있다. 게다가 문재인과 박민영은 각각 2020년 전후 한국사회의 가장 강력한 세대갈등의 당사자인 86세대와 MZ세대를 대변한다. 그들의 스토리에 차이가 나는 것은 당연하다.

20세기 스위스의 위대한 소설가 막스 프리쉬는 본래 건축가였다. 나중에 스토리를 써서 먹고 사는 사람이 되었다. 그런데 그는 마음 깊은 곳에서 "스토리 쓰기"라는 작업에 환멸을 느끼고 있었다. 메타인지가 아주 강한 사람이라, 자기 직업의 한계까지 꿰뚫어본 것이다. 프리쉬에 따르면 **스토리는 스토리일 뿐 진실이 아니다.** 그럼에도 인간들이 스토리(이야기)에 집착하는 이유를 그는 다음과 같이 설명했다:

> 인간은 진실을 "이야기"할 수 없다. 진실은 이야기가 아니기 때문이다. 진실은 시작도 끝도 갖지 않는다. 진실이란, 우리의 광기로 이루어진 미친 세상을 관통해 지나가는 하나의 균열일 뿐이다. 진실은 진짜 경험이고, "이야기"가 아니다. 모든 "이야기"는 날조물이다. "이야기"들은 경험한 것의 초안들에 불과하다. 작가든 아니든 인간은 모름지기 누구나 "이야기"를 꾸며낸다. 작가와 달리 보통 사람들은 자기가 꾸며낸 그 이야기를 인생이라고 간주한다. 그 외의 다른 방식으로 인간이 나로서 경험한 것을 접하는 것은 불가능하다. (막스 프리쉬, <이야기를 향한 우리의 탐욕Unsere Gier nach Geschichte>)

행정부 수반이자 최고권력자인 대통령 문재인은 MZ들의 스토리를 찾아 듣고, 문제를 이해하고, 해결책을 마련할 책임이 있었다. 그렇게 안하고 허튼소리만 하면 비판받는다. 박민영의 비판은 정파적이고 과도하다. 그러나 **정책에 실패하면 비판받는 것이 민주주의 국가 최고책임자의 운명**이다. 문재인은 본인의 좌파 감성 때문인지, 인간의 탐욕을 대수롭지 않게 여겼다는 혐의를 피하기 어렵다.

탐욕은 기성세대에게만 있는 것은 아니다. 탐욕은 전염된다. 정부가 무슨 정책을 내놔도, 생활수준을 유지하려면 빚을 내야 한다. 정부에서 임차인에게 전세계약 갱신청구권을 주면(임대차 3법), 임대인은 전세가를 대폭 올려버린다(전세가 상승). 임차인은 오른 전세 비용을 대출로 마련해야 한다(전세대출 폭발). 결국 청년 임대인은 터무니없이 늘어난 대출을 상환하기 위해 나스닥과 코인을 기웃거리게 된다(청년부채 증가, 청년자산 감소). 정부는 탐욕의 바다 위를 떠다니는 난파선이 되었다.

노무현도 문재인도 모두 선량한 사람들이었다. 그러나 두 사람은 국가를 구성하는 각 이해 당사자들의 온갖 종류의 탐욕을 관리, 제어하는데 실패했다. 국민에게 꿈과 희망을 줘도, 권위주의를 타파해도, 전자정부를 구축해도, 남북정상이 만나 한반도 평화를 문서로 합의해도, 코로나 방역에 성공해도, 선진국 진입을 인증받아도, 국민들의 탐욕을 조정하는 데 실패하면 정권은 실패한다. 앞으로 민주당계 정부는 이 점을 명심해야 한다.

성재기, 송경진, 박원순 세 분이 젠더분쟁의 와중에 세상을 떠났다. 하늘나라에서 아주 친하게 지내셨으면 좋겠다. 여성들을 미워할 필요가 없는 곳에서 행복하게 지내셨으면 좋겠다. 성재기 대표님은 패배한 남자들의 깊은 아픔을, 송경진 선생님은 페미니즘과 인권교육이 놓친 문제를, 박원순 시장님은 페미니스트의 고난을 들려주셨으면 좋겠다.

2019년 8월 16일
흑화되지 않고 일베 끌어안기

82년생 김지영의 운명

문재인은 2017년 5월 10일 대한민국 제19대 대통령에 취임했다. "페미니스트 대통령이 되겠다"는 약속을 지켰다. 5월 19일, 대통령 문재인은 지금은 고인이 된 노회찬 정의당 대표로부터 선물을 하나 받았다. 베스트셀러 소설 〈82년생 김지영〉(2016)이었다. 속표지에는 "존경하는 문재인 대통령님께, 82년생 김지영을 안아주십시오"라고 쓰어 있었다. 페미니스트 대통령에게 어울리는 선물이었다. 줄거리는 대충 이렇다:

> 1982년에 태어난 한국여성 김지영은 성장하면서 각종 여성차별과 성희롱, 성추행 상황에 직면한다. 착하고 능력있는 남편을 얻지만, 결혼 후 퇴직의 운명을 피하지 못한다. 경력 단절, 출산, 독박육아, 산후 우울증을 겪으면서 무너진다. 끝내 그녀는 어른도 남편도 알아보지 못하고 실성한다.

문학성은 떨어지지만 흥행에는 성공했다. 여성계는 환영했다. 오랜만에 한국 출판계에서 밀리언셀러로 등극했다. 각국어로 번역돼 국외에서도 히트했다. 국방부 진중문고에도 선정되었다.

유명한 소설의 운명이 그렇듯 패러디도 쏟아져나왔다. 이상윤의 〈82년생 김지영 그리고 74년생 유시민〉(2018)이 대표적이다 (이하 〈74년생 유시민〉). 김지영은 산후우울증과 무력감에서 벗어나기 위해 아르바이트 자리를 찾는다. 아이스크림 가게였다. "오전 10시부터 오후 4시까지. 시급 5600원. 주부환영"이라는 광고지를 본다. 김지영은 아르바이트 점원에게 문의한다. 점원도 주부였다. 대화는 이렇게 이어진다:

> "건물 안에 있는 거라 평일에는 손님이 많지도 않고, 날이 추워지면 더 한가해요. 처음에는 아이스크림 푸느라 팔이 좀 아팠는데, 그것도 요령이 생기니까 괜찮더라고요."
>
> "근데 2년 넘게 일하면 원래 정규직으로 전환되어야 하는 거 아니에요?"
>
> "아유, 애기 엄마도 참. 무슨 그런 순진한 소리가 다 있어? 근로계약서 쓰고, 4대보험 되고 그런 알바 자리 없어요. (…) 그래도 난 오래 일했다고 퇴직금 조로 조금 챙겨 준다더라고."
>
> 같은 아이 엄마라서 그랬는지, 김지영 씨가 순진한 소리를 해서 그랬는지, 점원은 마음이 쓰이는 눈치였다. (…) 김지영 씨가 남편과 상의해 보겠다고 대답하고 돌아서는데, 점원이 말했다.
>
> "나도 대학까지 나온 사람이에요."

점원의 뜬금없는 말에, 어이없게도 김지영 씨는 울컥 서러워졌다.

(《82년생 김지영》, 160~161면)

김지영은 그날 저녁 남편과 상의를 한다. 남편 정대현은 이렇게
말한다:

"물론 사람이 하고 싶은 일만 하고 살 순 없지. 그런데 지영아, 나는
지금 하고 싶은 일을 하고 있어. 나는 하고 싶은 일 하면서, 너 하고
싶은 일 못하게 만든 걸로도 모자라, 하고 싶지 않은 일 하라고는 못
하겠다. 아무튼 지금 내 생각은 그래." (위의 책, 161~162면)

〈74년생 유시민〉의 작가 이상윤은 이 발언을 비판한다. 이
소설의 주인공은 영세 자영업자(치킨점주) 유시민과 그 아내다. 유
시민은 시사평론가 유시민과 동명이인이다. 주인공 유시민은
2016년 11월 종잣돈 1억원으로 치킨점을 열고, 아내와 함께 뼈
가 빠지게 일한다. 점포 임대료, 대출이자, 물류비, 알바비, 세금
을 제하면 월 90만원이 남는다. 치킨값 인상은 정부가 가로막고
있다. 유시민의 아내는 김지영 씨에 대해 이렇게 말한다:

참 좋은 남편이다. 삶이 그렇게 치열하지 않아서다. (…) 사실 먹고 살
만해서다. 좋은 남편 나쁜 남편 큰 차이는 없다. 단지 누가 얼마나 먹
고살기 힘드냐의 차이다. 만약 김지영 씨 남편이 우리 남편처럼 빚
에 쪼들리고 하루벌이 생계를 유지하기도 힘든 형편이면 그런 말이

나올까? (…) 김지영 씨가 아르바이트 일을 하겠다고 하자 남편은 하고 싶은 일이거나 좋아하는 일이 아니면 하지 말라고 했다. 빚이 없기에 가능한 것이다. (…) 그래서 김지영 씨 부부는 아직 여유가 있다. (234~235면)

김지영은 30대 초반 중산층 여성이 겪는 심적 고뇌에 초점을 맞췄다. 그런데 〈74년생 유시민〉은 김지영의 고민이 "먹고 살만해서 그런 것"이라고 일축한다. 팩폭이기도 하고, 타인의 사정에 무심한 요즘 트렌드이기도 하다. 사회는 복잡계로 변했고, 개인은 타인의 삶에 쉽게 개입하지 못한다. 곤경에 처한 사람을 도우려다 봉변을 당했다는 이야기는 이제 새삼스럽지도 않다. 개인적 고통은 내색하지 않는 게 매너가 됐다.

그런데 〈82년생 김지영〉은 한국여성이 겪는 불편과 고통을 열거하기 급급하다. "**불행 포르노**"라는 오명까지 얻었다. 페미니즘이 비난받지 않던 트렌드의 막차를 탄 셈인데, 여성 독자들의 관성으로 인해 기적적으로 대박을 친 케이스였다. 페미니즘에 대한 비판여론이 강해진 2020년대에도 책은 꾸준히 팔리고 있다.

페미니스트가 싫어진 17세 남자

작품 컨셉이 낡았다는 비판에 대해, 작가 조남주(1978년생)는 창작 동기를 언급하며 반박했다. 그녀는 〈IS보다 무뇌아적 페미니즘이 더 위험해요〉(2015.2.)라는 김태훈의 칼럼에 자극받아 작품을 썼다고 했다. "페미니즘이 이슬람 테러조직보다 위험하다"는

명제는 물론 잘못됐다. 차별을 경험하며 자랐던 여성작가로서는
화가 났을 법도 하다.

그러나 김태훈이 페미니즘과 IS를 엮은 것에는 맥락이 있었
다: 2015년 1월 10일, 한국남성 김모씨가 튀르키예 – 시리아 접
경도시 킬리스에서 불법택시를 타고 시리아로 입국했다. 그는
곧 실종되었다. 정보당국은 김씨의 트위터에서 "요즘 시대는 남성
이 반대로 차별받는 시대야. **그래서 난 페미니스트를 싫어하지.** ISIS
가 좋아(2014.10.5.)"라는 게시물을 발견했다. 페미니즘과 IS는
이미 이렇게 엮여 있었다(IS와 ISIS는 같은 단체다).
김씨는 자발적으로 ISIS에 가입하려 한 게 분명했다. 그러나
한국인들의 ISIS에 대한 이해도는 매우 낮다. 국제뉴스에서나
보는, 두건 쓰고 총질하고 인질참수나 하는 또라이들 정도의 이
미지다. 김씨도 크게 다를 것은 없었다. 그러나 2010년 이후
ISIS는 스마트폰과 SNS로 무장하고 전 세계에서 대원을 모집했
다. 트위터와 메신저를 이용해 한국인과 ISIS 모집책이 직접 커
뮤니케이션을 할 수 있게 됐다.

ISIS의 성립엔 사연이 있다. 9·11에 이은 미국의 이라크 침공
(2003)은 이라크의 국경 붕괴, 자살 폭탄테러, 참혹한 종교 내전
을 초래했다. 2011년 아랍의 봄까지 미국은 **수백 조**의 군비를 쏟
아부었다. 그래도 상황을 안정시키지 못했다. 같은 해 시리아에
서도 내전이 일어나 이라크 북부와 시리아 동부가 무정부상태로

변했다. 이 공백을 치고 들어온 세력이 가장 악랄하고 폭력적인 ISIS, "이라크-시리아 이슬람국가(Islamic State of Iraq and Syria)"였다.

실종된 한국인을 "한국남성 **김모씨**"라고 표현했지만, 그는 고작 만 17세의 청소년이었다. 김모씨가 아니라 **김모군**이다. 중학교 중퇴라 학생 신분은 아니었다. 김군이 태어난 1997년은 여러 모로 의미심장한 해였다: (1) 외환위기가 터져 IMF 구제금융을 받았다. (2) 10년간 유지됐던 남녀 출생성비 1.1이 무너졌다(남아 110명 : 여아 100명). 세대론적으로 김군은 **Z세대의 맨 앞줄**에 속했다. 스마트폰으로 지구촌의 누구와도 연락을 주고받을 수 있게 된 최초의 연령군이었다. 그 연락 상대가 지상 최악의 범죄집단 ISIS일 수도 있었다.

IMF와 남녀 출생성비를 엮는 것은 억지가 아니다. 〈82년생 김지영〉에도 남아선호 사상으로 인해 상처받는 여성들의 모습이 나오지만, 이젠 소가 웃을 일이 됐다. 출산율이 곤두박질치고, 여아선호가 대세가 됐다. "아들은 키우기도 힘들고, 걸핏하면 사고치고, 장가 보내려면 돈만 많이 든다", "딸 키우는게 편하고, 재밌고, 늙어도 딸이 더 잘해준다"는 무언의 통념은 1997년 IMF 이후로 점차로 확산되었다.

1997년 이후 남녀 출생성비가 1.1이 넘은 것은 1998년과 2000년 두 번뿐이다. 이후 출생성비는 꾸준히 내려갔고, 2014년 이후 안정적인 1.05 내외를 유지하고 있다(1.05는 인위적 불균형 조치를 취하지 않을 때 도달하는 자연성비임). 동시에 출산율도 나락으로 갔다. **육아의 질을 따지는 시대, 가정에 아이가 없거나 하나뿐인 세상**에서 여아선호는 더 심해진다. 오늘날 부인과에서는 남아를 피하는 노력은 있을지언정 여아낙태 시술은 사라진지 오래다.

　왜 이렇게 된 것일까? 복잡한 이유는 없다. IMF 이후 한국사회는 "경제적으로 패배한 남자가 넘치는 세상"으로 바뀌어 버렸기 때문이다. 아들은 상속의 특권 수혜자, 미래의 희망이 아닌 가계의 부담이 되어갔다. 그냥 남성 인간의 값어치가 낮아졌다. 반면 여성의 지위는 느리지만 천천히 향상되어 갔다. 1980년대의 대학 진학률 급등과 대졸여성 증가로 인해, 1990년대 이후 **사회에서 성공하는 여성의 모습**은 더 이상 낯설지 않은 풍경이 되었다.
　물론 세상이 순식간에 바뀌는 건 아니다. 한 시점의 사건을 역사의 트렌드와 혼동하면 안된다. 트렌드가 여성친화적으로 바뀐다고 모든 여성의 지위가 일거에 높아지진 않는다. 2025년의 직장여성도 결혼하는 순간 퇴직과 독박육아의 운명을 맞이할 수 있다. 물론 2010년대의 1982년생 여성은 그렇게 될 확률이 더 높았다. 김지영은 비싼 등록금 내고 대학 다니고 취업까지 했지만 그런 운명에서 벗어나지 못한 수많은 사람들 중의 하나에 불과하다.

　김지영은 **억울했다.** 잔존하는 구시대적 성차별, 여성만이 성폭력에 겁먹고 살아야 하는 사실이 **억울했다.** 혼자 직장 그만두고 독박육아를 해야 해서 **억울했다.** 대학까지 나왔는데 아이스크림 가게 알바나 찾는 처지가 **억울했다.** 유모차 끌고 커피한잔 마시면서 쉬는데 알지도 못하는 남자놈들이 맘충이라고 해서 **억울했다.** 이런 억울함을 대변하는 페미니즘이 IS보다 위험하다는 소리에 작가 김남주는 분노했을 것이다.

그런데 한번 생각해 보자. 1997년생 한국남자 김모군은 왜 페미니스트를 싫어하게 됐을까? 그의 트위터에 단서가 있다: "요즘 시대는 남성이 반대로 차별받는 시대야." 김군이 태어나고 성장한 시대는 과거에 비해 남자들에게 훨씬 힘든 환경으로 바뀌어 있었다.

오해하지 말자. 남자들이 힘들다는 건 굶어 죽는다는 말이 아니다. 취직하고, 결혼해서 애낳고 하는 통념적 남자구실이 힘들어졌다는 말이다. IMF로 남자들의 가치가 떨어지고, 성공하는 여성 비율이 늘고, 구세대 남자들이 여성에게 휘두르던 터무니없는 갑질 행태가 급속도로(!) 사라져 갔다. 다음 명단을 보면 느껴지는 바가 있을 것이다:

2001년 최초 여성 장성 양승숙, 2002년 최초 육사출신 여성 장교 권성이, 2003년 최초 삼성전자 여성 임원 이현정, 2003년 최초 여성 헌법재판관 전효숙, 2004년 최초 여성 대법관 김영란, 2004년 최초 여성 부장검사 조희진, 2013년

최초 여성 KBS 부사장 류현순

위의 여성들이 승승장구할 때, 김지영과 김모군은 나락을 경험하고 있었다. 그렇다고 위 명단의 여성들이 페미니즘의 혜택을 받은 것은 아니다. 그들은 남성중심 사회에서 오직 실력만으로 최고의 지위에 오른 예외적 개인들이다. 물론 그들은 분명히 새로운 사회의 시작을 알리는 징표였다. 김지영과도 접점이 없다. 김모군의 페미니즘에 대한 적대감이 이런 사회적 분위기와만 옅은 관련이 있을 뿐이다.

엘리트 여성들의 최상위권 진입, 김지영의 상처와 좌절, 김모군이 남성으로서 겪은 열패의 체험은 모두 **1990년대 후반부터 2014년 사이의 사건들**이다. 얼핏 모순처럼 보이는 이러한 이질적 사태들의 공존은, 한 시대를 단일한 색조로 이해하는 것이 불가능함을 보여준다. 극소수 여성들은 성공했고, 다수의 여성들은 억울해 했고, 그보다 어린 수많은 남성들은 또다른 이유에서 억울해 했다. 우리는 이 사실을 사실로서 받아들여야 한다.

안 억울한 사람이 없는 사회

2010년대에 사춘기를 보낸 김모군과 후배 남학생 세대들의 억울함, 그 세대의 페미니즘에 대한 반감이 지니는 독특한 질감을 자세히 살펴보자. 일단 이 질문부터 던져야 한다: 김모군은 왜 IS라는 자기파괴적이고 극단적인 선택을 한 것일까?

IS는 멋진 무기와 고급차량을 모는 대원들의 모습을 홍보영상으로 만들어 전 세계에 뿌렸다. 10대 청소년 특유의 경박함 탓일까? 그것만은 아니다. 김모군은 한국에서 자신의 미래를 찾지 못했다. IMF 이후 고질화된 경제불안, 남성의 정체성과 성역할이 부담으로 변해가는 사회 분위기가 그를 압박했을 것이다. 성재기의 남성연대도 같은 맥락에서 탄생했다.

1990년대에 대학을 졸업한 이들은 남성과 여성이 취업시장에서 실력으로 경쟁한 최초의 세대였다. 군가산점 폐지, 여성부 설치, 여성할당제 도입, 성폭력 신고 권장문화 등 여성정책도 쏟아져 나오기 시작했다. **종군위안부 김학순**이 1991년 얼굴을 공개하고 최초의 증언자가 되었다. 수많은 할머니들이 뒤따라 용기를 냈다. 여성에 대한 인권감각, 여성인권 단체의 성장이 없었다면 불가능했을 일이다.

남성들은 맹렬한 기세로 추적해오는 여성들의 움직임에 긴장했다. 적당히 갑질하면서 달래주면 그만이었던 존재들이 갑자기 동등한 지위를 요구하고 나선 것이다. 성적 쾌락의 대상이 성폭력을 당했다며 고발을 시작했다. 1998년 집권한 김대중 정권은 **여성을 사회적 약자로 공식 인정**했다. 변화는 일회적 호들갑이 아니라 미래의 트렌드임이 분명해졌다. 김모군은 이런 분위기 속에서 페미니즘을 싫어하게 되었던 것으로 보인다.

페미니즘은 여성의 지위향상이라는 사회적 트렌드가 인간의 두뇌에 사고단위로 장착된 것이다. 김지영의 페미니즘이 "**지금**

까지의 여성에게 강요된 부당한 차별을 바로잡는 평등의 사상"
이라면, 김모군의 페미니즘은 **"미래세대의 남성을 차별하는 잘못된 사상"**이다. 구세대 남성들의 잘못을 신세대 남성들이 대신 속죄하는 구조가 여기서 생겨났다. 그래서 김모군은 "난 페미니스트를 싫어하지"라고 고백한다. 이어지는 "ISIS가 좋아"는 하룻강아지의 허세에 불과하지만, 앞부분 발언의 진정성까지 의심해선 안된다.

해괴한 일들이 꼬리를 물었다. 2019년 10월 31일, 더불어민주당 청년 대변인 장종화는 〈82년생 김지영〉에 대한 논평을 발표했다. 그런데 당내 페미니스트들의 반발로 논평을 철회했다. 논평의 품격을 갖추지 못했다는 것이다. 그중 일부를 인용할 테니, 독자들이 스스로 판단해 보기 바란다:

> 〈82년생 장종화〉를 영화로 만들어도 똑같을 것입니다. 초등학교 시절 단순히 숙제 하나 하지 않았다는 이유로 풀스윙 따귀를 맞고 스물둘 청춘에 입대해 갖은 고생 끝에 배치된 자대에서 아무 이유 없이 있는 욕, 없는 욕 다 듣고 키 180 이하는 루저가 되는 것과 같이 여러 맥락을 알 수 없는 남자다움이 요구되는 삶을 살았습니다. 영화는 **'이렇게나 우리가 서로를 이해하지 못하고 이해하려 하지 않는 삶을 살고 있구나'**하는 점을 보여줍니다. 김지영을 통해 우리가 깨달아야 하는 것은 성별과 관계없이 우리가 얼마나

서로의 입장과 생각을 제대로 마주하지 않으며 살아왔나
하는 점입니다.

페미니즘 진영에서 긁혔는지는 모르겠다. 그러나 나는 아무리
읽어봐도 잘못된 내용은 없는 것 같다.

한국은 페미니스트 대통령도 경험해 봤고, 여성가족부 폐지
를 공약으로 내건 포악한 대통령의 통치도 맛보았다. 이제 무승
부가 아닐까? 키작고 못생긴 남성들을 루저라고 조롱하는 것도,
모든 페미니즘을 페미나치라고 비난하는 것도 나쁘다. **둘다 나쁜
행동이다.** 남성과 여성들은 모두 각자의 사정으로 억울해하고 있
다. 이 팩트를 왜곡하지 말고 받아들이는 것이 미래 세대의 출발
점이 되어야 하지 않을까.

가난하고 못생긴 남성들의 대변자
앞에서도 일부 다룬 적이 있지만, 2019년 8월 한강 몸통시신
사건의 범인 장대호는 〈80년생 장대호〉라는 자필 회고록을 남겼
다. 그는 모텔에서 카운터를 보다가 방값을 내지 않고 진상을 부
린 투숙객을 살해했다고 했다. 체포 후에도 자신의 범행은 정중
부의 난, 미국의 대일 선전포고와 같은 정당한 행위라고 강변했다.
〈80년생 장대호〉는 제목부터 〈82년생 김지영〉의 패러디를
표방한다. 컴퓨터가 아닌 자필로 편지지에 쓴 그의 글은, 쉽게 잘
읽힌다. 고교 중퇴자인 살인범의 글이라는 편견을 버리기만 한

다면, 진실된 감동을 받을 수도 있다. 전통적 약자층의 범주에 들지 않는 "사회적 성공에 도달하지 못한 남성들"의 목소리가 진지하게 응축돼 있다.

장대호는 페미니즘에 대한 선전포고부터 시작한다. 나는 이 글을 **세상에서 가장 읽기 쉽고 핵심을 찌르는 페미니즘 비판 문서**로 추천하고 싶다. 이 탁월한 문장력이 그의 끔찍한 살인과 유명세 덕분에 세상에 드러나게 되었다는 사실이 어이없다. 살인자라는 두터운 편견이 독자들을 멀어지게 할 거라는 사실이 안타까울 뿐이다. 이제라도 알려졌으니 그나마 다행이다.

언제부턴가 이상한 권력집단이 등장하더니 사회의 흰자 역할을 하고 있는 남성들을 투쟁의 대상으로 규정하고, 급기야 자신들을 지켜주는 국군을 향해 살인자, 집지키는개, 해적 등으로 비하하는 표현도 서슴지 않았다.

우리 조상들이 했던 여성에 대한 억압을, 아무 유책사유가 없는 신세대 남성들에게 전가하면서 남성들의 평등권을 침범하기 시작했다.

가난하지만 외모는 별로인 대다수 남성들이여... 이제라도 자신의 신분을 깨닫자. 너는 실은 최하위 3등국민 그 이상도 아니다. 여성, 외노자, **이웃집 찰스**(국내거주 외국인-인용자)의 권리와 정부지원 혜택은 점점 더 커지는데 남성, 특히 20~40대 중산층 미만 다수의 남성들은 더욱 바깥으로 내몰리고 있다.

2010년은 "SNS와 스마트폰 강점기"의 시작이었다. 상승 랠리 중이던 배금주의와 외모지상주의는 고점을 찍었다. **조부모의 재력이 자신의 실력인 시대**가 되었다. 외모의 개념도 변했다. 남성도 키를 높이고, 피부관리를 받고, 몸의 균형(와꾸)을 가꿔야 했다. 많은 자산, 아름답고 강한 몸은 **위너의 필수조건**이 되었다. 미쳐 돌아가는 세상에서 장대호는 "가난하고 외모도 별로인 대다수 남성들"의 대변자를 자처했다.

⟨82년생 김지영⟩에 다음과 같은 구절이 있다:

> 둘이 비슷한 시기에 사회생활을 시작했고, 김지영 씨는 부모님과 함께 살아서 용돈 이외에 따로 생활비가 들지 않았는데도 모아놓은 돈은 정대현 씨가 더 많았다. 정대현 씨의 연봉이 훨씬 많았기 때문이다. 회사 규모도 차이가 나고, 김지영 씨의 업계가 워낙 열악한 곳이라 어느 정도 예상은 했지만 이렇게 차이가 클 줄은 몰랐다. 김지영 씨는 조금 허탈한 마음이 들었다.

김지영이 예비신랑 정대현과 살림을 합치면서 자기의 재무능력을 남편과 비교하는 부분이다. 장대호는 이 구절이 "페미 근성"이라며 공격한다:

> **엠마 왓슨**이 어느날 갑자기 페미선언을 했다. **인생살기 딱 좋은 외모와 재력**을 겸비한 그녀가 (⋯) 내가 볼 때 그녀는 정치에 관심이 있어 보인다.

너무 급하게 서두른 나머지 데이터 오류가 있는 남녀소득격차 비교표를 들고 나와 깨어있는 남성들을 적으로 돌린 것은 어리석었다.

모 페미소설에서도 (…) 여주인공이 예비신랑과 서로 모아둔 돈을 비교하면서 현실을 한탄하는 듯한 내용이 나온다 (…) 왜 소득격차가 나는건지, 모아둔 재산의 크기는 왜 다른건지에 대한 원인설명은 하지 않고, **결과의 평등이 이루어지지 않았다**며 이것을 **성별에 의한 차별문제로 몰아가는 솜씨**에 나는 감탄을 금치 못했다.

해리포터 시리즈의 여주인공 엠마 왓슨은 예쁘고 돈도 많다. 장대호의 말대로 "인생살기 딱 좋은 외모와 재력"이다. 그녀가 UN에서 페미니스트 철학을 홍보하는 연설을 했다(2014.7.). 가난하고 소외된 남성을 무시하는 의도가 아닐 텐데도, "약자로서의 여성"이라는 시각에 매몰된 페미니즘 연설은 장대호와 루저남들의 영혼을 **긁었다.** "여자 편도 못들어주는 못난이"라는 반응은 그들의 분노를 더욱 돋굴 뿐이다. 장대호의 결론이다:

페미니즘은 남녀평등을 위한 사상이 아니다.

남성을 적으로 규정하고 ATM 기계, 애완견보다 못한 존재, 집지키는 개 정도로 취급하는, **과거가 구린 여성들이 모여 만든 영리단체**일 뿐이다.

대한민국 남자들은 복지사각지대에 놓여있다.

그러면서도 양보와 배려, 국방의무와 구조활동에는 앞장서
도록 되어 있다.

오해 없기 바란다. 나는 그의 글을 찬양하지 **않았다.** "읽기 쉽고
핵심을 찌른다"고 평가했을 뿐이다. 그의 언어는 거칠고, 단순하
고, 과격하다. 페미니즘과 페미니스트 단체를 구별하지도 못한다.
"대한민국 남자들" 전체를 복지 사각지대에 놓인 존재로 규정하는
성급한 일반화의 오류도 저질렀다. 약점을 지적하면 끝이 없다.
그러나 **디테일 말고 트렌드를 보자.** 장대호는 마이너리티가 아니라
다수의 남성을 대변하고 있다.

여성 독자들에게 간곡히 당부한다. **페미니즘에 대한 젊은 남성
의 반발은 악마의 어깃장이 아니다.** 혜택에서 소외된 남성들이 있
고, 그들의 영혼도 누군가 돌봐야 한다. 국가가 못한다면 공동체
가, 공동체가 못한다면 뜻있는 개인이라도 나서야 한다. 그 일은
민감하고 어렵다. 남성들은 약자정체성을 혐오하는 집단이기 때
문이다. 그들은 스스로 연민의 대상이 되는 것을 용납하지 않으려
한다. 그들은 뒤로 숨어서 거친 언어로만 화풀이를 해댄다.
일베 유저들을 전수조사한 연구는 없지만, 다수의 일베 유저
들은 부자가 아니고 외모도 뛰어나지 않을 것이다. 장대호도 단
신이었다. 결혼 못했고, 재산 없었고, 모텔 지배인으로 근근이 살
아가고 있었다. 적잖은 욕구불만과 울분은 게임이나 일베 등 온
라인 세상을 즐기는 것으로 풀었다. 세상이라는 정글에서 내세

울 자산이 없어 복수도 불가능했다. 조용히 살다가 잊혀질 수도 있었던 사람이었다.

일베의 언어는 위선을 혐오한다. 가면을 벗듯이 윤리를 벗어던진다. 윤리를 가면으로 간주하는 집단에서는 윤리를 벗어던짐으로써 **리스펙**을 받을 수 있다. 그 집단이 말하는 윤리에는 좌파 사상과 페미니즘이 포함된다. 일베의 세계관에 따르면 좌파는 인간의 탐욕을 부정하고, 페미니즘은 남성의 생물학적 우위를 부정한다. 페미니즘은 약자보호를 미명으로 한 감정의 독재이고, 좌파사상은 자연법칙을 거역하는 필패의 카드다. 장대호는 이렇게 말했다:

> 나는 쉽게 감정이 동요되지 않는다. 그래서 세월호 사건 때도 나는 울지 않았다. 울기는커녕 슬픈 감정조차 들지 않았다. 이것은 마치 뉴스에 심심치 않게 나오는 교통사고 사망소식을 접할 때마다 감정이입되어 울먹이지 않는 것과 같다. …
>
> 지금 이 순간도 어느 초상집은 슬피 울지만, 새 생명이 탄생한 집은 축복과 즐거움이 교차한다.
>
> 타인의 슬픔을 이용하거나 조롱해서는 안된다. 하지만 **타인에게 슬픔을 강요해서도 안된다.**
>
> … 자신들과 같은 태도를 보이지 않는 자들을 비정상으로 구분짓는 사회적 권력, 집단감성의 힘, 이것이 바로 페미니즘에 기반한 통치시스템의 민낯이다.

장대호는 힘이라는 자연법칙을 숭배하는 일게이다. 그러나 **오프라인 세계의 장대호**는 오히려 **사회적 약자**에 가까웠다. 가진 것 없이 묵묵히 일하는 모텔 직원이었다. 일을 잘해서 건물주의 신임까지 얻었다. 오프라인 세계의 질서에 맞춰 살면서, 본심은 온라인 세계에서만 털어놓았다. **온라인 세계의 장대호**는 사회적 약자의 윤리적 요구를 비판하고, **강자의 철학을 타인에게 전파**한다. 장대호는 학폭 피해자에게 이런 조언을 했다:

> 싸움을 안하겠다는 건 영원히 괴롭힘을 당하겠다는 계약입니다.
> 이 상황에선 최선의 방법이
> 그 세 명중 가장 쎄 보이는, 혹은 가장 먼저 행동을 주도적으로 하는 까불이
> 둘 중 하나를 골라서 그 애가 책상에 앉아 있을 때 먼저 때려서 기선을 제압하는
> 싸움방법이 유일한 방법입니다
> 그 상대가 나보다 덩치가 크거나 싸움을 잘 해보일 경우
> 절대 님보다 싸움 잘한다는 보장 없습니다
> (님 그 상대랑 직접 맞짱 떠봤나요?)
> (아니죠. 그냥 상대의 기세에 주눅이 들어서 지레 겁을 먹고 있을 뿐)
> 아무튼 이런 경우는 의자를 집어서 정확히 상대박 머리에 찍어야 하는데
> 의자 다리 쇠모서리 쪽으로 아주 강하게 내리쳐서 머리가 찢어지게 해줘야 합니다

페미니스트들은 이런 논의가 불편할 것이다. **힘이 지배하는 날 것의 세계**를 직면해야 하기 때문이다. 페미니즘은 약자보호의 감성을 먹고 자란다. 약자가 폭력적 자연법칙에 짓밟히는 것을 끔찍하게 혐오한다. 그러나 어떠한 페미니즘도 자연의 냉혹한 법칙을 거스를 수 없다. 법칙을 끝까지 거스르는 자는 법칙의 제물이 되기 쉽다. 비참하게 찢기고, 내로남불의 위선자라는 조롱을 당하고, 불쾌하게 잊혀진다.

한강과 빅타이거좌의 만남

페미니즘은 '여성'이라는 생물학적 범주을 '약자'라는 정치적 범주로 전환시킨다. 여성 전체를 우대와 배려의 대상으로 삼는다. 그러나 억압받는 자들이 모두 착한 것도 아니고, 억압하는 편에 있는 자들이 모두 사악한 것도 아니다. 페미니즘은 복잡한 세상을 특정한 의도에 따라 재단하는 이데올로기의 하나다. 조던 피터슨은 논란이 많은 사람이지만, 부정확한 사유의 오류를 제거하는 유효한 수단을 제공할 때가 있다:

> '가부장제와 싸운다' '억압을 줄인다' '평등을 장려한다' '자본주의를 변화시킨다' … 따위는 불가능하다. … 이런 개념들은 해상도가 너무 낮다. … 현실은 대규모의 정교한 과정과 체계들로 구성되어 있는 탓에 포괄적이고 단일하게 변화시킬 수 없다. 그럴 수 있다는 생각은 20세기에 유행한 이데올로기의 산물이다. 이데올로기에 대한 믿음은 순진하고 자기도취적이며, 그것이 조장

하는 운동들은 분개하고 게으른 사람에게 거짓 성취감을 준다.

(조던 피터슨, 〈질서 너머〉, 웅진지식하우스, 2021, 209면)

디시와 일베에서는 한때 장대호 열풍이 불었다. 희생자가 조선족 출신이라고 하자 장대호는 거의 영웅 취급을 받았다. "롱빅타이거좌"라는 닉네임이 붙었다. 댓글창은 우호적인 멘트로 넘쳤다. 주류언론은 살인자가 존경을 받는다며 당혹해 했다. 페미니즘과 PC주의가 사람들의 영혼을 심약하게 만든 탓이다. 장대호의 주장은 간단하다. **"페미니즘의 근본 가정이 냉혹한 자연법칙을 거스른다는 점을 부인하지 말자"**는 것이다.

나는 장대호의 모든 면을 긍정하지 않는다. 페미니즘의 모든 면을 비판하지도 않는다. 피터슨의 말대로 극단적 페미니즘도 "해상도 낮은 **이데올로기**"이고, 페미니즘을 비판하는 담론의 상당수도 "해상도 낮은 **뻘소리**"들이다. 구원의 길은 우리 모두가 실수할 수 있는 존재임을 인정하는 데서 열린다. 우리의 정의가 누군가에게 상처가 되지 않는지 살펴야 한다. 모르는 사정 앞에서는 신중하게 침묵할 줄도 알아야 한다.

노벨문학상 수상자 한강이 평생을 고민한 화두는 **폭력**이었다. 폭력은 일베가 숭배하는 자연법칙의 다른 이름이기도 하다. 한강은 섣불리 페미니즘이나 좌파 이념을 들먹이지 않는다. 나는 한강의 꾸미지 않은 외모를 사랑한다. 그녀의 얼굴에는 야성미가 있다. 자연법칙에 순응하는 위엄이 있다. 한강과 빅타이거좌가 한자리에 앉아 머리를 맞대지 말란 법이 있는가. 어떤 노래의 제목처럼 그건 "다시 만난 세상"일 것이다.

2017년 8월 5일
페미니즘과 파괴의 악순환

〈82년생 김지영〉의 몇몇 에피소드들은 미래를 예견하기도 했다. 김지영이 다니던 광고회사 몰카사건이 대표적이다. 보안업체 직원이 여자화장실에 몰카를 설치하고 촬영물을 성인 사이트에 올렸다. 부장을 포함한 회사 남직원들이 그 사이트에 드나들다가 동료 여직원들의 모습을 확인했다. 한 남자직원이 여직원에게 알리면서 사건이 수면 위로 떠올랐다. 회사는 쑥대밭이 됐고, 보안업체 직원과 남직원들은 경찰 조사를 받았다.

디지털 성범죄의 공멸적 속성

불법촬영 범죄의 진부한 패턴이다. 한국사회의 디지털 성범죄는 텔레그램 성착취와 딥페이크로까지 진화한 상태다. 김지영 회사의 몰카사건은 구닥다리 옛날 이야기처럼 느껴질 정도다. 그러나 사건에 대처하는 평범한 사람들의 방식도 그에 맞춰 진화하지는 않고 있다. 사건 처리에 대한 기준도 여전히 없다. 사람들은 허둥대며 경찰과 법원에 모든 것을 맡긴다. 그런데 거기서도 근본 문제는 해결되지 않는다.

성범죄 피해자들은 법정에서 대부분 환멸을 경험한다. 법정은 이들이 바라는 정의구현의 장이 아니다. 형사기소를 당한 사람은 처벌의 경감에 특화된 변호사의 컨설팅을 구매한다. 변호사는 법의 허점과 증거부족을 이용해 형량을 줄이거나 무죄를 받아낸다. 인간의 법정은 무오류가 아니다. 무죄선고가 피고의 결백을 보증하지도 않는다. 그러나 피고는 무죄선고를 받은 순간부터 결백한 사람 행세를 한다.

만사를 사법의 영역에 호소하는 사회는 건강하지 않다. 법률서비스도 자본주의 시장경제의 원칙에 따라 제공된다. 같은 범행을 했어도 부자일수록 무죄선고를 받을 확률이 높다. 무죄는 "죄없음"이 아닌 "유죄입증 불가능"을 뜻한다. 성범죄의 경우엔 유죄를 입증하는 과정 자체가 어렵다. 증거수집 자체가 고통스럽고, 증거는 빠르게 인멸된다. 증거가 모이지 않으면 성폭력 피해자가 기대하는 처벌은 이루어지지 못한다.

디지털 성범죄는 육체가 매개되는 직접적 성폭력이 아니다. 그래서 남자들의 죄책감이 덜하다. 그러나 촬영물의 확산 가능성 때문에 여성들의 수치심은 더하다. **온라인 성범죄 특유의 가해-피해 구조가 범행의 심각성에 대한 합의를 불가능하게 한다.** 몰카를 당한 여성의 성적 수치심이 가장 먼저 고려돼야 하지만, 몰카 시청자로 지목된 남성의 수치심도 치명적 파괴력을 지닌다. 두 수치심은 외나무 다리에서 만나 대치하고 있다.

> 피해자들 모두 일이 빨리 마무리되어 일상으로 돌아가고 싶었다. 가해자들이 **작은 것 하나**라도 잃을까 전전긍긍 하는 동안, 피해자들은 **모든 것**을 잃을 각오를 해야 했다.
> (156면)

〈82년생 김지영〉의 서술자는 몰카사건의 핵심을 위와 같이 정리했다. 이 부분을 읽으면 정말 마음이 불편하다. 남성과 여성의 시각 차이가 정말 크다는 걸 절감한다. 미안하지만 나는 서술자의 언급에 동의하기 어렵다. 원인을 제공한 남자들이 나쁘고, 그들이 처벌되어야 하는 것은 당연하다. 그러나 가해자와 피해자가 잃는 것의 크기를 비교하고, 여성의 손해가 남성의 손해보다 크다고 단정하는 것은 동의하기 어렵다.

불법촬영물이나 음란물을 시청하다 발각된 남성도 (피해여성과는 결이 다르지만) 수치심을 느낀다. 자신의 체면과 평판이 훼손됐음을 본능적으로 느끼기 때문이다. 불법촬영물 시청은 형사처벌까지 받을 수 있다. 여성 독자들은 불편함을 느낄지 모르지만, 이 문제를 외면해서는 안된다. **남자들이 잘했다는 말이 아니다.** 과거에 수치심에 자살한 여성들이 많았듯이, 오늘날 성비위가 발각된 남성들도 자살을 선택하는 일이 심심치 않다.

〈82년생 김지영〉에 나오는 **불법촬영물을 시청한 남성들에 빙의**해서 생각해 보자. 그들의 가정은 어떻게 될까? 불법촬영물 소지, 유포, 시청 혐의로 경찰조사를 받는 남자의 아내는 앞으로 남편과의 관계를 어떻게 이끌어가야 할까? 가정이 이전과 같이 유지될 수 있을까? 물론 남편이 만든 지옥이다. 전적으로 남편의 책임이다. 인정한다. 그러면 남편은 어떤 처벌을 받아야 할까? 어떤 처분이 이루어져야 아내의 분노가 풀릴 수 있을까?

여성들의 분노는 이해한다. 여성들은 남자의 진심어린 사과와 처벌을 원한다. 그러나 앞에서 말한 남성의 수치심 때문에 사과는 자꾸 연기된다. 여성들은 더욱 분노한다. **최악의 상황은 여성들의 분노가 피해자 정체성으로 고착되는 일이다.** 그건 누구에게도 도움이 되지 않는다. 더 큰 갈등의 씨앗이 될 뿐이다. 가해자들은 이미 발각됨으로써 많은 것을 잃었다. 가해자들이 잃는 것은 결코 "작은 것 하나"가 아니다.

나는 남성들을 비호하는 것이 아니다. 복합적 감정들과 난마처럼 얽힌 팩트를 정리해서, 분노할 자격이 있는 여성들의 이성에 휴머니즘의 이름으로 호소하는 것이다. **남성은 건전한 남자라는 평판을, 사랑받고 있다고 믿었던 아내의 신뢰를, 자녀의 따뜻한 미소를, 일상을 유지할 수 있는 마음의 평정을 잃는다.** 발가벗겨진 여성의 수치에 비하면 아무 것도 아닐지도 모른다. 그러나 정서의 영역에선 때때로 기이한 역전이 발생하기도 한다.

성폭력 피해자가 협박범으로 바뀌는 메커니즘

2024년 9월 5일 한겨레신문에 〈지인 성희롱 단톡방 고발한 게, 어떻게 협박이 됩니까〉라는 기사가 올라왔다. 25세 여성 변모 씨가 **모욕죄** 형사사건의 증인으로 출석했다. 기소된 남성 ㄷ씨는 변모씨의 옛 연인 ㄱ씨의 친구였다. ㄱ씨는 변씨와 이별한 뒤 스마트폰 대화방을 개설하고 친구 ㄴ씨를 초대해 변씨를 포함한 80여명의 여성들을 성희롱했다. 이 대화방이 변씨에게 발각되었다. 변씨는 ㄱ씨에게 "피해 여성들에게 모든 걸 밝히고 사과하라"고 요구했다. 기사를 조금 인용해 보자:

> 그러자 ㄱ씨가 돌연 극단적인 선택을 하겠다고 통보했다. 변씨는 "미우면서도 죽으면 안된다고 생각했다"고 했다. **두려움 탓에 외려 변씨가 가해자를 돌보는 황당한 상황**이 이어졌다. 새벽에 걸려온 "죽겠다"는 전화에 온갖 하소연을 들어줬다. 엉망이 된 ㄱ씨 방을 치워주기도 했다. 지난해 7월 ㄱ씨는 결국 목숨을 끊었다.

ㄱ씨가 죽자 공수가 뒤바뀌고 말았다. ㄴ씨는 "이제 속이 시원하냐"며 변씨를 비꼬았다. 변씨는 대화방 참여자 3명을 경찰에 고소했지만, ㄱ씨의 유가족도 변씨가 ㄱ씨를 협박했다며 그녀를 고소했다. 변씨는 분명히 성범죄의 피해자였는데, 이제 가해자에 대한 협박범으로 조사받는 신세가 되었다.

변씨가 고소한 3명의 남성들도 이래저래 빠져나갔다. 한 명은 출국해 기소중지되었고, 다른 한 명은 구약식 처분(정식재판 없이 서면심리만으로 사건을 처리하는 것)을 받았다. 다른 한 명인 ㄷ씨는 똑같은 처분을 받았지만 무죄를 받기 위해 정식재판을 청구했다. 검찰은 ㄷ씨를 성범죄가 아닌 모욕죄로 기소해 벌금 30만원을 구형했다.

> 숨막히게 고요했던 법정에 일순간 방청객의 한숨과 탄식이 흘렀다. 변씨는 한겨레에 "명확한 성희롱 발언이 있었고 성적 모욕감을 느꼈는데도 **성범죄가 아닌 모욕죄**로 분류돼 형량이 낮아졌다는 점이 이해되지 않는다"고 토로했다.

변씨는 ㄷ씨의 엄벌을 원했다. 가해자 ㄱ씨의 자살이라는 초대형 악재가 있었고, 협박 혐의로 본인이 고소를 당했는데도 대화방 참여자 3명에 대한 고소를 진행시켰다. 변씨는 그 정도로 화가 많이 나 있었다. 그런데 검사는 정식 재판에서 고작 벌금 30만원을 구형했다. 변씨는 분노 게이지만 높아졌다. 가해자에게 실질적 피해가 가는 고액의 벌금이 구형되었더라면 예방효과라도 있었을 터인데 말이다.

그런데 가해자 남성들도 나름의 억울함을 느꼈던 것 같다. 잘못이 없는게 아니라, 잘못에 비해 과도한 비난을 받는다고 느꼈던 것 같다. ㄱ씨는 목숨을 버렸고, ㄷ씨는 정식으로 무죄선고를 받기 위해 기소당할 위험을 무릅쓰고 정식재판을 신청했다. 정반대의 두 정서가 강력하게 충돌하는 것이 느껴진다. 양자간에는 아무 접점이 없었다.

ㄱ씨의 죽음에 변씨의 책임이 있을까? ㄱ씨의 유족들은 그렇다고 믿었다. 그래서 변씨를 고소했다. 변씨는 "지인 성희롱 단톡방 고발한 게, 어떻게 협박이 됩니까?"라고 항변했다. 언어적 성폭력을 당했다는 분노의 감정(변씨)은 강력하다. 그러나 치부를 폭로당한 수치의 감정(ㄱ씨)도 매우 강했다. **감정의 비교 측정은 불가능하고 무의미하다.** 양측 모두 재산이나 현생의 지위가 아닌 영혼을 걸고 싸우고 있으므로 승부가 나지 않을 것이다.

페미니즘은 여성이 약자이므로 보호해야 한다는 이데올로기다. 변씨는 부당한 언어적 성폭력을 당한 피해자(약자)다. 그런데 그녀가 받은 피해는 그녀에게 도덕적 우위를 허용하고, 가해자를 비난할 권리를 부여한다. 가해자(ㄱ씨)는 이에 맞서기 위해 죽음을 선택함으로써 새로운 피해자(자살한 남성)로 변질된다. 가해자는 사라지고 피해자만 남는다. 나는 이것을 "페미니즘적 파괴의 악순환"이라고 부르고 싶다.

여기에는 일종의 데자뷔(기시감)가 있다. 그렇다. 박원순 사건에서 우리는 **페미니즘적 파괴의 극단적 사례**를 보았다. 약자 보호를 위한 조치는 케이스별로 달리 이루어져야 한다. 여성 일반을 약자로 규정하는 것은 조던 피터슨의 말대로 "해상도가 낮은" 판단이다. 약자가 보호받아야 한다는 말도 신중하게 적용해야 한다. 사악한 약자도 있기 때문이다.

물론 김잔디 씨와 변모씨는 "사악한 약자"가 아니다. 단 그들은 본의 아니게 "파괴로 이끄는 약자"가 되어 버렸다. 그들은 사회로부터 보호받아야 했지만, 자신들의 목소리가 파괴적 위협이 될 수 있다는 생각은 하지 못했다. 여성인권이 향상된 시대에는 피해자 여성의 분노가 가해자 남성의 실존을 제거할 수도 있다. 여성 약자가 보호받아야 한다는 준칙을 타성적으로 적용하면, 남성 약자의 모습은 시야에서 사라져 버린다.

젠더 문제에서도 영원한 강자나 영원한 약자는 없다. 매순간 누가 진정 보호받아야 할 약자인지 알아차리려고 노력해야 한다. 페미니즘을 고수하면서 양심의 평화를 구하는 것은 게으름의 병이고, 모든 페미니즘을 혐오하면서 위악을 떠는 것도 과도함의 병이다. 현대 세계는 **존엄하고 연약한 개인들이 모래알처럼 모여 있는 백사장**과 같다. 불가능한 요구 같지만, 민감하게 느끼고 포용력 있게 결단해야 한다. 사법은 만능이 아니다.

송경진 교사를 위한 레퀴엠

2017년 8월 5일, 전북 부안 상서중학교 송경진 교사(54세, 수학 담당)가 자살했다. 수업을 진행하면서 여학생의 어깨를 두드리거나, 다리를 떠는 여학생의 무릎을 살짝 치는 등 가벼운 신체접촉을 했다. 그런데 성추행 혐의를 받고 출근정지를 당했다. 학생인권센터의 조사를 받았다. 전보발령과 감사 및 징계예고 처분을 받자 더 이상 견디지 못하고 자살했다. 인권센터와 교육청은 어떤 잘못도 인정하지 않았다. 동일한 오류가 반복되고 있다는 느낌은 나에게만 드는 것일까?

2010년대 후반 이후 몇몇 성폭력 연루 남성의 자살 사건에는 패턴이 발견된다. 2017년 송경진 교사는 여중생을 훈육하는 과정에서 일어난 가벼운 신체접촉으로 성희롱 무고를 당해 **자살했다.** 2020년 박원순도 성추행 혐의로 형사고소를 당할 위기에 처하자 **자살했다.** 2023년 대한민국의 한 남성은 자신의 온라인 성희롱 행각이 옛 애인에 의해 발각되고, 그녀가 "사과하지 않으면 사실을 공개하겠다"고 다그치자 **자살했다.**

성폭력이 범죄라는 것을 모르는 사람은 없다. 그러나 오늘날 '성폭력'은 해상도 낮은 공격의 언어가 되어 버렸다. 여성인권이 향상되면서 여성의 불쾌감을 유발하는 남성의 모든 행위가 성폭력으로 산입되고 있다. **강간, 강간미수, 성추행, 성희롱, 시선강간까지 모두 성폭력이 된다.** 송경진 교사는 이러한 흐름 속에서 희생됐다.

> 교원의 교육활동 중 신체적 접촉에 대한 허용기준을 마련해야 한다는 의견이 70%에 이르는 것으로 나타났다. (…) 수업에 집중하라며 학생 어깨를 토닥이거나 체육시간에 자세 교정을 한 것이 성추행으로, 교사의 훈육이 정서학대로 신고되는 사례가 빈번해지고 있어서다. (…) 학생 생활지도가 어려워진 이유에 대해서는 응답자의 31.3%가

'학생인권조례 등 학생 인권만 강조함에 따른 교권의 상대적 약화'를 꼽았다. (한국교육신문, 2017.10.30.)

　　송교사의 명예회복은 7년이 걸렸다. 국가기관들이 약자보호 정책의 부작용을 인정하지 않은 탓이다. 유족들은 행정소송 끝에 2020년 6월 송교사의 순직을 인정받았다(순직유족급여 수령). 2024년 2월 29일 행정안전부는 고 송경진 교사에게 근정포장을 추서했다. 추서자는 대통령 윤석열이었다. **윤석열의 재임 중 유일한 업적**이었다.

2016년 5월 23일
흑자헬스, MZ들의 니체가 되다

오송의 현인 흑자헬스

흑자헬스는 1984년생 남성 헬스 유튜버다. 충북 오송에서 헬스장을 운영하고 있다. 최종학력은 대학중퇴, 그러니까 고졸이다. 2025년 4월 3일 현재 구독자 83만 9천명. 스스로의 노력으로 도달한 성과다. 구독자의 대부분은 이대남이라고 스스로 밝혔다. 운동추천, 연애상담, 젠더문제, 가끔 사회경제 문제까지 다룬다. 야설과 쌍욕을 포함한 거침없는 입담이 특기다. 호불호가 갈리지만 음지의 열성팬이 많아 롱런하고 있다. 나는 **2030들의 속마음**을 들여다보고 싶을 때 흑자헬스를 자주 듣는다.

흑자는 키 180cm, 몸무게 93kg다. 인상이 강인하고 어깨도 거의 직각으로 벌어졌다. 헬스 트레이너로서 최적의 피지컬이다. 게다가 말발이 끝내준다. 디시 시절부터 개념글 제조기였다고 한다. 유튜버로도 성공할 떡잎이었다. 역사적으로 보면, 1980년대 초중반에 태어나 인터넷과 함께 청소년기를 보낸 **밀레니얼**(M)

세대의 전형이다. 스타크래프트와 디시를 놀이터로 삼은 최초의
세대, IMF 이후 황폐화된 한국사회에서 사춘기를 거친 최초의
세대였다.

흑자는 일본만화, 애니, 영화를 좋아한다. 방송 중 일본어 드
립도 자주 친다. 일본은 전통적으로 사무라이의 나라였고, 20세
기 초반까지 극단적 군국주의 국가였다. 자기연민이나 감성팔이
와는 거리가 먼 나라다. 여성인권은 별로 발달하지 않았고, 청순
하고 희생적인 전통적 여성상이 강하다. 흑자도 20대 중반까지
는 연애를 제대로 못해봤다고 한다. 대신 피트니스와 디시라는
완벽한 놀이터가 있었다.

흑자가 성공한 트레이너로 성장하던 20대 시절, 한국은 노무
현 – 이명박 – 박근혜 정부를 경험했다. 흑자는 영화 〈변호인〉 (2013)
을 좋아한다. **2시간짜리 〈변호인〉 리뷰**를 올리기도 했다. 정치적
성향 때문이 아니라, "웰메이드 영화"라서다(흑자 본인은 **박정희와
노무현을 둘다 존경한다**고 했다. 그러면 안되냐고 따지면서!). 디시를 사랑하
는 유저였으니 MC무현 같은 조롱 콘텐츠에도 익숙하겠지만, 즐
기지는 않는 것 같다.

2016년 5월 23일 개인 유튜브를 개설했다. SNS가 활발해지
면서 남녀 불문하고 몸가꾸기가 대세였을 때였으니 타이밍도 좋
았다. 거칠게 웃긴데다 내용도 알차서 뜰 수 있었다. 컨셉도 조금
씩 진화시켰다. 방송 자신감이 붙으면서 외모도 와일드하게 바
꿨다. 깊이 있고 수위 높은 연애 상담을 하면서 **20대들의 욕쟁이**

멘토가 되어갔다.

국제결혼을 꿈꾸는 MZ 남성들

젊은 남자들(여자도 가끔)이 고민을 이야기하면 혹자는 특유의 직설과 팩폭으로 깨우쳐 준다. 너무 거침없어서 일방적이란 느낌도 들지만, 거친 시대에는 거친 조언이 필요하다. 질문의 수준이 너무 처참하면 즉석상담을 끊어버리기도 한다. 국내거주 러시아 여성에게 DM을 보내 만남을 가졌다는 이대남과의 대화를 들어보자:

(앞부분 생략)

이대남: 아이들(러시아 여자들)이 이상한 건지 아니면 러시아 자체가 그런건지 제가 한번 국제결혼에 대해서 다시 한번 생각을 하게 되더라고요.

혹자: 니가 생각을 다시 하면 뭔가 바뀌는 거야?

이대남: 아, 그 사람들을 바꾸는 건 아닌데…

혹자: 그러니까 **너는 마치 니가 마음 먹으면 러시아 여자랑 결혼할 수 있지만, 아 이건 못하겠다인데, 애초에 그 러시아 여자들도 너랑 결혼할 생각이 없어.** 그러니까 그런 걸(난잡한 파티 사진) 보여주는게 아닐까?

이대남: 아… 그런 건 아닌데, 이게 그, 그런 걸까요, 형님?

혹자: 러시아에 사람이 몇 명인데 그냥 걔들은 그런 사람인 거겠지. 안 그런 사람도 많을 거고.

이대남: 쉽지가 않네요, 형님.

흑자: **쉽게 해놓고 뭐가 쉽지가 않대. 너 되게 쉬운 남자야.** 걔들은 러시아 친구들끼리 모이면 한국 남자 ×나 쉽던데. 뭐 이러겠지. **나 한국 가가지고 50명이랑 잤다**고 막 이러면서, 거기 러시아에 있는 애들이랑 사진첩 보고 있겠지. 내가 먹은 남자 이렇게 해 가지고… 뭐 그러고 있겠지.

이대남: 외모적으로 정말 제 이상형이거든요. 근데 외모가 다가 아 니겠죠…?

흑자: (연결 차단하고 상담 종료) (2025년 3월 상담 내용)

최근들어 남성 유저들 사이에서 **국결**(국제결혼)을 옹호하는 목소리가 보인다. 미국, 유럽, 일본 등 선진국 출신 여성과 결혼한 한국 남성의 사연도 심심찮게 들린다. 외국 여성들이 한국어를 배워서 유튜브 방송을 하기도 한다. 그러나 한국 남성이 선호하는 국가의 여성들과 국결을 하는 사례가 의미 있는 수치에 도달할 가능성은 제로다.

빨간 알약을 먹는 남성들

MZ 남자들 사이에선 연애와 결혼이 진입장벽 높은 사업이 됐다. 남성은 "인서울 4년제 대학, 대기업 또는 전문직, 훈훈한 외모 와 180 정도의 키, 인서울 주택 보유, 부모 노후부양 불요"라는 **절대기준**에 근접하는 정도로 가치가 매겨진다. 여성은 자신의 SNS 계정에 부끄럽지 않은 소비패턴을 지원할 수 있는 신랑감을 원한다.

5점 만점에 3.5점 정도는 돼야 상위 15%에 들고, **내세울 만한 결혼**을 노릴 수 있다. 나머지 청년들 중 다수는 결혼을 포기하고 **인셀**(비자발적 독신)의 삶을 선택한다. 온라인 세상은 피와 살을 갖춘 여성 없이 남성의 성욕해소가 가능한 성인 콘텐츠 DB를 구축해 놓았다. 결혼이 불필요해진 그밖의 이유는 어느 펨코 유저가 쓴 아래 글에 잘 정리돼 있다:

> 페미 덕분에 좋은 거. 억지 결혼은 남자가 손해라는 걸 10 20 30 한테 깨우쳐 줌.
>
> 지금까지 여자 배려하고 살았는데 동등하게 비교해 보니 억지 결혼하면 남자가 손해임.
>
> 사랑해서 결혼하는건 상관 없는데 중매 등 억지로 할 이유는 없음. **공부로 먹고사는 직업**은 수능 때부터 보면 알 수 있듯이 **최상위권은 남자가 훨 많음.** 점점 공부로는 최상위권 아니면 먹고살기 힘듬.
>
> 그럼 그다음 **신체적 노동 관련 일**인데 택배 인테리어 공장 등이 있음. 이건 **대부분 남자가 함.**
>
> 옛날처럼 요리하기가 힘든가? 걍 밀키트 부대찌개 사서 퇴근하고 끓인 다음 씻고 와서 먹으면 됨.
>
> 요리? 요즘 인터넷에 다 나옴. 점점 로봇 청소기 발달하고 세탁도 요즘은 건조기까지 나옴.
>
> **전통적인 주부가 해야 할 일 난이도 급속도로 낮아짐.**
>
> 이걸 **40대 스윗한 새끼들은 모르고 중매결혼 후 호구같이 지가**

번 돈 용돈 받으면서 사는데 10 20 30은 슬슬 바라보는 시선이 달라짐.

지가 사랑하는 사람 아니면 결혼할 상대 억지로 찾을 이유 없음.

대리모 허용되는순간 걍 ㅂㅂ임 (〈페미덕분에 좋은거〉, 에펨코리아 2021.06.23. 10:01)

결혼이 거래가 아닌 시대는 없었다. 그러나 2025년의 대한민국처럼 남녀의 가치산정이 체계적이고 세분화된 데이터를 기반으로 행해진 곳은 일찍이 없었던 것 같다. 남성은 매력적인 여성과 결혼할 전망이 없으면 인셀을 선택하는 게 이득이다. 온라인 야동과 AI의 시대이기 때문이다. 가정주부와 성교 파트너로서 여성의 가치는 꾸준히 하락중이다.

이렇게 가혹한 젠더 환경에서 **레드필 지식**이란 게 탄생했다. '레드필'은 영화 〈매트릭스〉에서 주인공 네오에게 깨달음을 주는 "빨간 알약(red pill)"을 뜻한다. 레드필 지식은 "여성은 본능적으로 알파메일(위너)에게 끌리며, 버림받은 남성은 도태된다"는 주장이다. 알파가 아닌 대다수 남성들은 레드필 지식으로 비혼(인셀)을 정당화한다. 레드필 지식은 **생식을 통한 인류의 존속이 위기에 처한 시대의 남녀철학**이다.

야동이 섹스를 대체할 수 있을까? 로봇과의 섹스가 인간과의 섹스를 대체할 수 있을까? 반은 YES, 반은 NO다. 많은 남성들은

"예쁜 여자의 야동"이 "못생긴 여자와의 섹스"보다 낫다고 생각한다. 그러나 대리모 허용 여론, 섹스봇과 인공자궁 기술의 진전은 생각보다 느리다. 당장 모든 결혼수요가 사라지진 않는다는 말이다. 그래서 온라인 철부지들은 차라리 미지의 영역인 국제결혼을 함부로 찬양해 댄다.

한국 남성들이 결혼과 연애를 포기하는 이유로 혹자는 네 가지를 제시한다: (1) 성욕의 대리만족 수단이 많아짐 (2) 연애의 가성비가 낮아짐 (3) 혼자서 먹고살기도 바쁨 (4) 성폭력 관련 무고 위험성. 70% 이상의 MZ 청년들이 결혼을 필수가 아닌 선택으로 생각하고 있다. 이 추세는 변화될 기미가 안 보인다. 이제 앞으로 어떤 일들이 벌어질까?

인간의 가장 원초적 욕구인 성욕의 비자발적 포기는 남성의 내면을 좌절감으로 가득 채운다. 2024년 주둥이방송(채널명)에서 한 남자 고등학생은 "잘생긴 남자들이 예쁜 여자들을 독점하는 것은 공정의 가치에 어긋나므로 **예쁜 여자들과 연애할 권리를 추첨으로 분배하자**"고 주장했다. 공정에 대한 MZ들의 생각이 성적 좌절과 결합되면 어떤 엉뚱한 생각이 만들어지는지 잘 보여준다.

사회적 경쟁에서 루저가 된 남자들은 자기연민에 빠지기 쉽다. 예쁜 여자와 연애하지 못해서 불행하다고 느낀다. 그 불행이 부당하다고 생각한다. **잠깐 그러고 마는게 아니라 진짜로 그렇게 생각한다. 그 생각은 확신이 되고 신념이 된다.** 자신이 부당하게 피해를 보는 약자라고 생각한다(약자 정체성 탑재). 이러한 약자 정체성과 자기연민은 위험하다. 자신이 부당한 대우를 받은 약자라고 믿는 사람은 정당한 복수의 권리가 있다고 믿는다. 자신이 사악할 가능성은 그 권리 뒤에 감춘다.

> 진짜 무서운 애들은 **잘못된 신념과 사상을 가지고 있고, 특히 자신이 지금 되게 옳은 일을 하고 있는데 세상이 몰라 준다고 생각하는 애들이 진짜 무서워요.** 진짜 어마무시한 일을 저지르는 애들은 진짜 이런 애들이 정말 많아. 이런 애들이 뭐 이렇게 안 좋은 종교 같은데 빠져든다든지 안 좋은 사상 같은 거에 빠져 들면은 **진짜 자신을 희생해서 자신이 하고 있는 행위를 다른 사람들한테 전달하려고 하잖아요.** 그러면서 자기는 숭고하게 죽었다고 막 해버리고, 또 몇몇 애들이 전사라고 막 세인트(성인)라고 하고… 이런 애들이 참 무서워. (〈레드필, 자기연민이 위험한 이유〉, 흑자헬스 유튜브 2024.9.10.)

2014년 5월 23일 미국 캘리포니아주 산타 바바라에서 엘리엇 로저가 총기난사 후 자살했다. 그는 **여성들에게 거부당한 경험을 담은 두툼한 유서**를 남겼다. 2018년 4월 23일 캐나다 토론토에선 알렉 미나시언이 차량을 인도로 돌진시켜 10명의 사망자를 냈다. 그는 엘리엇 로저를 숭배하는 인셀이었다. 같은해 11월 2일 미국 플로리다 텔러해시에서 스콧 베이얼이 요가교실에 난입해 여성 2명을 사살하고 5명을 다치게 한 뒤 스스로 목숨을 끊었다.

설거지론, 마통론, 도축론, 나거한론

한국인들도 강건너 불구경할 일은 아니다. "불공정 연애시장 추첨제 도입"은 차라리 애교로 보아줄 만큼 도태된 남성들은 분노로 들끓고 있다. 결혼하고 아내를 두는 것 자체가 일종의 특권이 됐다. 남초 커뮤니티에서는 **설거지론, 마통론, 도축론, 나거한론** 등 기혼여성을 폄하하고 기혼남성을 조롱하는 담론들이 넘친다. 미국처럼 총질을 하지 못하니까 끝없는 증오의 언어로 대리 만족을 한다.

설거지론은 퐁퐁남 담론과 연결된다. 20대에 남성을 바꿔가며 신나게 놀던 여자가 나이들면 더 늦기 전에 못생기고 부유한 남자를 골라 사랑없는 결혼을 한다. 남편은 그 여자의 과거를 설거지해 준다(퐁퐁남). **마통론**은 "마이너스 통장론"의 준말이다. 양심 없는 여자는 미혼일 때 저축은 하지 않고 소비만 하며 논다. 결혼이 임박하면 결혼자금 3천만원조차 마이너스 통장 대출로 마련한다. 혼인 후에 남편에게 갚아달라고 한다.

도축론은 남자의 이혼을 가축의 죽음에 비유한 것이다. 부부가 여성의 귀책사유로 이혼한다고 치자. 그래도 재산분할과 양육비 지급은 남성의 의무로 남는다. 따라서 사악한 한국여자와 이혼하는 것은 가축이 도축당하는 것처럼 손해가 크다는 주장이다. 이 모든 것을 종합한 것이 **나거한론**이다. "나라 자체가 거대한 한녀(한국여자)라는 뜻이다. '한녀'란 이기적이고 남자를 착취하는 한국여자에 대한 멸칭이다.

설거지론, 마통론, 도축론, 나거한론은 MZ 남성들의 여성관을 잘 보여준다. "과거 한국여성들은 사회적 약자였으나, 페미니즘의 수혜자인 2030 여성들은 더이상 약자가 아니다. 진정한 약자는 역차별을 당하는 2030 남성들이다. 여자들은 약자의 지위를 남성에게 이양한 뒤에도 거짓으로 약자행세를 하며 특권을 유지한다. 국가는 이러한 불공정을 조장한다. 한녀와의 결혼은 미친 짓이다." 한국여성을 향한 피해의식과 불신이 응결돼 있다.

한국은 젠더 이슈에서 오프라인 세계의 폭력성은 낮지만 온라인 세계는 지나치게 과열돼 있다. 인터넷 인프라가 초단기간에 최고 수준에 도달한 데 따른 부작용이다. 한국의 21세기는 초고속 인터넷과 운명을 같이했다. 과거에 없던 전자상거래, 커뮤니티, SNS, 메신저 등의 온라인 세계가 촘촘하게 구축되었다. 온라인 세계의 특성인 허세문화는 빛의 속도로 발달한 한국의 인터넷 문화 안에서 병적으로 강해졌다.

> 저는 우리나라 출산율 떨어진 원인이 1등은 (인터넷) 커뮤니티, 2등은 우리나라 방송국들 때문이라고 예전부터 얘기를 해 왔잖아요. 일단 SNS 커뮤니티 같은 데서 잘사는 사람들이 마치 본인이 대한민국 평균인 것처럼, 상위 10% 이내의 결혼생활을 하고 있으면서 마치 평균적인 결혼 생활을 하고 있는 것처럼 (…) 요런 식으로 자랑질을 뒤지게 하면 그걸 보는 사람들이 (…) **마치 저 정도를 해야지만 결혼을 할 수 있고, 저 정도도 못 하면은**

결혼생활을 할 자격이 없는 것처럼 설득이 되는데 (…) 거기에 더해서 TV 프로그램 같은 거 보면 연예인들 중에서 존나 부자인 사람들이 저도 여러분하고 같은 고민하고 삽니다, 요런 말같지도 않은 포지션으로 쳐 나와. (《저출산은 MZ 탓이 아니다》, 흑자헬스 유튜브 2024.4.22.)

페미니즘, 레드필, 사이버 지옥

MZ 세대들은 과거의 어느 세대보다 온라인 문화에 익숙하다. 온라인 세계는 유저들 간의 영원한 주목 경쟁과 익명성 탓에 허세 문화가 발달하게 마련이다. 온라인 세계에 익숙할수록 결혼 상대로서 이성을 판단하는 눈도 높아진다. 여기에 페미니즘 이슈가 불을 지른다. 여성들은 페미니즘을 방패삼아 자기들의 게으름과 특권에 눈을 감는다. 전통적 강자의 지위를 빼앗기고 여성의 선택도 받지 못한 남성들은 분노가 쌓인다.

서로가 더 억울하다고 울부짖는 이 치열한 젠더갈등의 전선에서 페미니즘과 레드필 지식은 충돌한다. **페미니스트 여성과 레드필러 남성은 약자(피해자)의 지위를 놓고 다툰다.** 레드필을 필요로 하는 남성은 알파메일이 아니라 약자로 전락한 도태남들이다. 레드필은 알파메일이 지배하는 세상의 실상을 보여주는 이론이기 때문이다. "세상은 알파메일의 것이니까 나는 결혼을 못하는게 맞구나"라고 체념하게 하는 지식이다.

여성과 남성이 서로 약자가 되려고 드잡이하는 모습은 한 편의 코미디같다. MZ들의 은어를 쓰면 '**병림픽**(병신들의 올림픽)'이다. 그러나 이 병림픽은 웃을 일이 아니다. 루저로 전락한 남성들이라도 여전히 남성은 남성이다. 그들의 피지컬은 여성보다 우월하다. 파괴하고, 테러하고, 복수할 힘은 남아 있다. 미국에서는 총으로, 한국에서는 키보드의 혐오언어로 복수하는 것이 다를 뿐이다.

어떤 복수의 방법이 더 사악하고 나쁠까? 모든 복수는 파괴적이지만, 총보다 언어로 하는 복수가 영혼을 더 황폐화시킨다. 총의 복수는 존재를 소멸시키고, 살아남은 자들을 충격에 빠뜨린다. 그러나 언어의 복수는 존재를 살려둔 채 두고두고 공격한다. 더 잔혹하게, 더 비생산적으로, 현재가 아닌 미래를 파괴한다. 목숨만을 붙여둔 채 삶을 죽음으로 만든다. 이른바 "**사이버 지옥**"이다.

니체의 위생학과 흑자의 행복한 세상

독서를 좋아하지 않는 흑자가 유일하게 언급하는 철학자는 **니체**(1844~1900)다. 니체는 19세기 인간이었지만 20세기 인류의 운명을 꿰뚫어 보았다. 자본주의 문명의 파국을 확신했지만, 사회주의 지상 낙원도 믿지 않았다. 자본주의적 기계문명 하에서 인류는 배금주의, 군국주의, 극단적 개인주의의 노예가 되었다. 세계전쟁은 필연이었다. 니체는 전쟁과 파괴를 두려워하지 않았다. 오히려 **인간을 넘어선 새로운 종족**(초인)**의 탄생**을 기대했다.

니체의 비전은 공포스럽다. 일각에서 니체를 사탄이나 전쟁옹호자로 매도하는 것도 이해가 간다. 그러나 치명적 오해다. 니체가 약자의 도태를 당연시하고 전쟁을 찬양했던 것은 사실이다. 그러나 그것은 범죄적 파괴욕의 산물이 아니다. 니체가 본 인류는 지상에서의 모든 긍정적 비전을 상실하고 있었다(두리번거리지 마라. 우리 이야기하는 거다). 건강한 세계를 소망하는 최후의 인간에게 남은 마지막 선택지는 창조적 파괴뿐이었다.

혹자는 니체가 아니다. 내면이 순수하고, 적당히 세속적이고, 자기 존엄을 지키기 위해 약간의 위악을 행하는 40대 초반의 건강한 한국 남자일 뿐이다. 그러나 그에겐 특별한 것이 있다. 순수하고, 경박하고, 자연의 냉혹함을 제대로 맛보지 못한 MZ들이 그의 채널을 찾아와 조언을 구하는 모습을 보면, 솔직히 혹자가 조금 부럽다. **청년들은 5060 세대에게 더이상 상담을 문의하지 않는다.**

혹자와 니체는 닮은 점이 많다. 니체가 삶의 위생학을 강조했던 것처럼, 혹자는 건강한 신체 단련을 중시한다. 니체는 기독교의 우울한 자기연민을 폭로했고, 혹자는 페미니스트와 나거한론자들의 자기연민을 공격한다. 가장 중요한 공통점은 삶의 태도에 있다. 최악의 조건에 놓였음을 인정하고, 건강한 개인으로서 최선의 선택을 찾아내려고 한다. 혹자헬스는 **MZ들의 니체**가 될 자격이 있다:

저는 한국여자 편을 드는게 아니에요 (…) 제가 한 얘기는 한국 여자들이 괜찮으니까 그냥 만나봐 이게 아니고, 내 구독자 한 명 한 명이 행복해지길 원하니까, 그냥 인터넷으로 안 좋은 자료 같은거 보고, 그냥 포기하고 욕하지 말고, 괜찮은 애를 찾아봐라. 왜냐면 **이 세상이 조때든 말든, 내가 만약에 행복하면 나한테는 행복한 세상**인 거잖아요. (〈나거한녀론에 관한 2040의 관점차이〉, 흑자헬스 유튜브 2024.7.10.)

여성들에게 국가는 없다

김정희원 | 미국 애리조나주립대 교수

"지능 원하시면 디엠 주세요."

최근 몇년 동안 엑스(옛 트위터)에서 흔히 찾아볼 수 있었던 글이다. '지능'은 "지인 능욕"이라는 끔찍한 표현의 줄임말이다. 즉, 지인의 사진을 개인 메시지로 보내면 나체를 합성한 딥페이크 성착취물을 만들어준다는 얘기다. 요즘은 지인의 얼굴을 도용한 사진이나 영상을 넘어 리듬게임도 쉽게 만들 수 있으니 굳이 남에게 부탁할 필요가 없다. 리듬게임에서는 지인의 일상 사진, 나체 사진, 포르노그래피 영상 등으로 '수위'가 점점 올라가는데, 게임이 끝날 때까지 박자에 맞춰 자위를 하면 된다고 한다. 자신들의 '작품'을 공유하며 남자들은 이렇게 말한다. "제 지인인데 한번 해보시고 소감 남겨주세요."

세상에 이보다 더한 지옥이 있을까. 어느 교사는 자신을 잘 따르던 학생이 특정 신체부위에 대한 조건을 적시한 딥페이크 제작 의뢰를 했다는 사실을 알고 충격을 받아 학교에 나가지 못하고 있다. 이런 사례가 전국에 퍼져 있다고 하지만 그 실태를 정확히 집계하는 것조차 불가능한 상황이다. 가장 기본적인 신뢰와 존중이 사라진 자리에 공포와 분노가 동시에 들어선다. 이런 환경에서 배움과 성장이 가능할까? 어려서부터 성착취를 학습한 남성들은 여성을 대상화하지 않으면서 친밀한 관계를 맺을 수 있을까?

제대로 된 성교육과 성평등 교육의 부재 속에서 10대들은 일찌감치 잘못된 인식과 행위에 노출된다. 그것은 바로 여성 혐오의 페다고지(교육)와 여성 착취의 방법론이다. 다른 남성들의 부추김 속에 문제의식조차 갖지 못한 채로, 이들은 여성을 마음껏 대상화하고 착취하는 자신을 동료들 앞에 전시한다. 여성을 몇명이나, 어느 수준까지 착취할 수 있는가를 기준으로 '용자'와 '쫄보'를 구분짓는 남성 사회 속에서 이들은 점점 폭력적으로 변해간다. 여성에게 가장 폭력적인 자가 가장 남성적인 자로 인정받기 때문이다. 그래서 이들은 주변 여성들의 사진을 상납하면서도 마음 아파하기는커녕 스스로의 남성성에 뿌듯해한다. 이곳은 여동생을 불법촬영한 남자들이 "부럽다"는 메시지를 받는 세계다.

정부는 황급히 대책회의를 열고 집중단속에 착수했지만, 이는 '병 주고 약 주는' 격이 아닐 수 없다. 이 사태의 책임은 국가에 있기 때문이다. 여성 정책을 뒷전으로 미루고, 여성가족부를 허수아비로 만들고, 디지털성범죄 피해자 지원 예산을 삭감한 것이 바로 정부다. 엔(n)번방 사태가 터지고 나서야 겨우 만들어진 디지털성범죄 티에프(TF)마저 해산시켰다. 경찰은 피해자들이 신고해도 "텔레그램이면 못 잡는다"며 움직이지 않았다. 교육부는 2022 개정교육과정에서 '성평등', '섹슈얼리티' 용어를 전면 삭제했으며, 학교에서 제대로 된 성교육을 제공하지 않으니 부모들은 성교육을 사교육으로 해결한다. 심지어 수천권에 달하는 성교육·성평등 도서가 갑자기 '유해도서'로 지정되어 도서관에서 사라지고 있다. 이런 나라에서 훌륭한 성평등 인식이 저절로 생겨날 리 없지 않은가?

다시 한번 말하지만 책임은 국가에 있다. "한국 남자는 태생적으로 그렇다"고 주장할 것이 아니라면 말이다. 그러나 정부는 여전히 근본적 원인도 자신들의 실책도 깨닫지 못하고 있다. 정부가 내세운 대책이라는 게 무엇인가? 허위영상물 소지·시청죄 신설, 제작·유통 처벌 강화, 위장수사 확대, 성범죄 예방 교육 등이다. 여전히 '개인의 일탈'을 처벌하기 위한 '범죄 대응'을 주요 전제로 하고 있다. 그러나 처벌로 문화와 습속을 바꿀 수 없다는 점은 익히 알려진 바다. 그렇다면 다음 대책은 무엇인가. 황급히 때려잡을 생각만 하지 말고 장기적 대안을 마련할 수는 없을까? 누가 책임지고 고민할 것인가.

절실하게 경고한다. 우리 사회의 발본적 변화가 시급하다. 정부는 여성들에게 가해지는 이 막대한 폭력을 끊어낼 의지가 있는가. 여성을 향한 차별과 착취가 존재하지 않는다고 말하는 국가는 과연 누구의 국가인가? 특정 집단의 고통을 선택적으로 방치하는 국가도 국가라고 할 수 있을까? 나는 "구조적 성차별은 없다"고 끝까지 우기는 지도자가 아니라, 성착취·성범죄는 구조적 문제라고 천명하는 지도자를 원한다. 그래야 제대로 대응할 수 있기 때문이다. 정부가 우리 사회를 뿌리부터 쇄신하려는 노력을 보이지 않는다면 여성들에게 국가는 없다. 그렇게 여성들이 등 돌린 자리에는 미래도 도래하지 않을 것이다.

2024년 9월 5일
남성들에게도 국가는 없습니다

> 이 글은 2024년 9월 5일 김정희원 교수님의 한겨레 칼럼 〈여성들에게 국가는 없다〉를 바탕으로 쓴 것입니다. 교수님에게 드리는 공개편지 형식으로, 페미니즘의 내부와 외부의 연대를 모색하는 글임을 감안하고 읽어주시기 바랍니다.

충격과 분노 앞에서

안녕하세요, 교수님?

지난 2024년 9월 5일, 절제되고 품격있는 분노가 느껴지는 교수님의 한겨레 기고문 〈여성들에게 국가는 없다〉를 잘 읽었습니다. 딥페이크 지인능욕 성범죄가 10대들에게까지 침투했다는 사실을 지적, 비판하시는 내용이었죠. 저도 기성세대의 한 사람으로서 충격을 받았습니다. 그런 일을 소년들이 별 죄의식 없이 클릭 몇 번으로 저지를 수 있는 세상이 됐네요. 제 딸도 초등학교에 다니는데 걱정이 많이 됩니다.

이 사건만 놓고 보면, 한국사회는 이미 구약의 소돔과 고모라를 넘어선 것 같습니다. 소돔과 고모라에서도 청소년들이 여성 친지나 동네 여자애들의 나체 이미지를 합성해 돌려보면서 자위를 하지는 않았을 테니까요. **해괴하고 민망하고 수치스러워 말문이 막힙니다.** 우리 세대가 무슨 나쁜 짓을 했길래 아이들이 이 지경이 되었나 하는 자책까지 듭니다.

여성들의 끓어오르는 분노 앞에서 말씀드리기가 대단히 조심스럽습니다. 그러나 10대들의 지인능욕 성착취물 제작사건은 텔레그램 n번방 사건과는 근본적으로 다른 것 같습니다. 여성에게 성착취를 강요한 것이 아니고, 상업적 판매 목적으로 일을 벌인 것도 아니기 때문입니다. 10대 초반이라면 형사처벌이 어려울 수도 있습니다.

교수님께서도 **이번 사건의 전대미문의 해괴함**은 감지하고 계시겠지요. 이 사건은 전통적인 사법처리의 유효성의 한계에 대해, 파탄에 직면한 인류 종족의 성윤리에 대해 근본적인 질문을 던지게 하는 사건 같습니다. 이제 우리같은 지식분자들의 분석이나 비판으로 문제가 해결되기에는 너무 멀리 왔다는 암울한 생각마저 듭니다.

사건의 본질이 구조적이며, **사회의 발본적 변화**가 필요하다는 말씀에 100% 동의합니다. 그러나 똑같은 말을 다르게 해석할 수도 있으니 좀더 구체적으로 이야기해 봅시다. 교수님의 "발본적 변화"는 무엇을 뜻하는지요? 기고문을 읽어보면 여성가족부의 권한 강화, 여성인권 교육 강화 등의 정책적 변화 이외에 구체적인 상이 떠오르지 않아서 말입니다.

끔찍한 이야기지만, 딥페이크 성범죄는 이미지를 합성해서 웃음거리를 만드는 디지털 놀이문화에서 유래했습니다. 유명한 남초 커뮤니티 디시에서는 2002년에 이미 **합성 필수요소 갤러리**가 생겼죠. 고故 노무현 대통령을 조롱하는 콘텐츠(MC무현, 응디시티)들도 거기서 시작됐지요. 성적 이미지가 아니었을 뿐, **딥페이크의 시조새**와 같은 장난질이었습니다.

발상을 조금 바꾸어 보면 어떨까요? 사건을 더 잘 이해하려면 10대 가해자들의 관점에 빙의해 보는 것도 필요할 것 같습니다. 제 관점이 너무 나이브한 건지 모르겠지만, 10대 가해자들이 여성의 고통을 충분히 인지하면서도 자신의 즐거움만을 위해 그런 못된 장난을 해대는 소시오패스일 뿐이라고 규정하고 싶지는 않거든요.

> 어느 교사는 자신을 잘 따르던 학생이 특정 신체부위에 대한 조건을 적시한 딥페이크 제작 의뢰를 했다는 사실을 알고 충격을 받아 학교에 나가지 못하고 있다.

교수님의 글에서 가져온 어느 교사의 사연입니다. "세상에 이보다 더한 지옥이 있을까"라고 말씀하셨죠. 네, 지옥이지요. 저는 1980년대 후반 경상도에서 남중을 다녔습니다. 성욕을 갓 깨달은 **반인반수의 남학생들**이 음탕한 질문으로 **미혼의 여교사**를 골탕먹이던 기억이 생생합니다. 계도와 처벌 너머에 있는 동물 대

동물의 전쟁터였죠.

동물 대 동물의 전쟁터에서는 약해 보여선 안됩니다. 여교사가 수치심에 무너지면 아이들은 더 짓궂어집니다. 여교사가 "그런 짓은 타인의 고통에 무심한 비도덕적 행동이야"라고 혼을 내도 소용없었던 것 같네요. 녀석들은 **선비의 염불**이라고 생각할 수도 있습니다. 배포 좋은 놈들은 여교사를 더욱 음흉한 시선으로 바라보기도 했습니다.

학교라는 집단생활의 특수성, 성욕이 폭발하는 남학생들의 사춘기라는 연령적 특성이 여교사와 남학생 사이의 동물적 긴장관계를 유발합니다. 딥페이크를 즐기는 10대 아이들은 자신들의 행동이 잘못임을 깨닫는 데 시간이 걸릴 수 있습니다. 성인이 되어 선생님을 사회에서 만나면 100% 미안해할 겁니다.

'도태된 자'와 '가해자'라는 이중낙인

여교사 상대의 딥페이크 성범죄는 남학생이 여교사를 몰래 성추행하던 옛 악습의 연장이기도 합니다. **물타기가 아닙니다.** 단기간에 효험있는 해결책이 나오지 않아도 좌절하지 말자는 이야기입니다. 끔찍한 사건을 저지른 가해자에게 범행의 심각성부터 가르쳐야 하는 시대에 우리는 살고 있습니다.

교수님은 "여성들에게 국가는 없다"고 절규하고 계십니다. 이해합니다. 2022년 3월 9일 윤석열이 대통령으로 당선된 것 자체가 국가의 불행이었지요. 저는 당시 독일유학 중이었는데, 너무 충격을 받아서 1주일 동안 아무것도 읽을 수가 없었습니다.

그 자는 "구조적 성차별은 없다"고 우기고, "특정 집단(여성)의 고통을 선택적으로 방치"했습니다.

그런데 여기서 교수님께 한 가지 진지하게 말씀드리고 싶은 것이 있습니다. 윤석열 치하에서 여성들에게**만** 국가가 없었던 것은 아닙니다. 남성들에게**도** 국가는 없었습니다. 군인에 대한 급여는 일부 개선됐지만, 중하위 남성들은 여전히 개돼지 취급을 받았습니다. 채해병 순직 사건을 기억하실 겁니다.

2010년 이후 스마트폰 강점기가 찾아왔습니다. 한국인 청년들은 남녀불문하고 SNS 비교질에 빠져들었지요. **가난하고, 볼품없고, 성공비전이 없는 다수의 청년 남성들**은 결혼을 포기하고 여성의 대체물을 찾아 온라인 세계로 빠져들었습니다(성인물, AI연애). 페미니스트 대통령을 표방했던 문재인 정부는 이런 현실에 눈길조차 주지 않았습니다. 청년 남성들의 절박한 목소리를 외면했습니다.

여자가 한을 품으면 오뉴월에도 서리가 내린다고 하지요. 이 속담을 패러디해 보겠습니다: **"이대남이 한을 품으면 윤석열 같은 괴물을 대통령으로 뽑는다."** 그렇습니다. 불편한 현실입니다. 그러나 한번 생각해 보십시오. 우리가 딥페이크 성범죄 앞에서 이토록 당황하는 것은 온라인 세계의 전조현상들을 외면했기 때문일지도 모릅니다.

교수님이 당황하시지 않으셨기를 빕니다. **교수님이 제 논의의 진정성을 믿게 해 달라고 하느님께 기도라도 올리고 싶은 심정입니다.** 문재인의 페미니즘 정부도 "특정 집단의 고통을 선택적으로 방치"

한 것은 윤석열 정부나 마찬가지였습니다. 우리가 이 사실을 함께 인정하고 공감하는 것이 생산적 논의의 출발점이 될 것입니다.

페미니즘 유토피아의 비현실성

교수님과 저는 같은 편이라고 굳게 믿습니다. 우리가 꿈꾸는 유토피아에서 남성은 여성인권을 존중하고, 여성은 남성인권을 존중할 것입니다. 모든 종류의 성폭력은 사라질 것입니다. 온라인 성인물, AI 연애로봇, 딥페이크 성착취물은 사라지고 건전한 남녀가 행복한 인류사회를 구성할 것입니다.

그런데 교수님! 저는 솔직히 말해서 이러한 유토피아가 실현되리라는 믿음이 거의 사라져 버렸습니다. 그 이유를 설명하겠습니다. 교수님과의 토론을 진심으로 희망합니다. 제가 교수님께 설득되어서 제가 틀렸다는 게 입증됐으면 좋겠습니다:

(1) **인권존중:** 이성의 인권에 대한 상호 존중의 결여는 온라인에서 특히 심각합니다. 한국남성의 자국여성 혐오, 한국여성의 자국남성 혐오는 일종의 온라인 조롱놀이로 변질되어 있습니다. 이 문제는 **만족할 만한 연애와 결혼 상대에 대한 물질적 기준**이 하향 조정되지 않는 한 해결되기 어려울 것입니다. 남성과 여성을 막론하고 과시적 소비 자본주의가 근본 문제입니다.

(2) **성폭력:** 현재 여성계에서 말하는 성폭력의 범위는 너무 넓습니다. 성폭행, 성추행, 성희롱, 성적 불쾌감 유발까지

모두 성폭력으로 간주됩니다. 성적 행동은 대단히 민감하고 주체의 시선에 따라 다르게 해석됩니다. 심지어 사랑하는 연인들 사이에서도 성행위는 폭력의 경험을 수반할 수 있습니다. 현재와 같은 **광범위한 의미의 성폭력은 완화할 수는 있지만 근절되지는 않을 것** 같습니다.

(3) **여성의 대체물:** 리얼돌, AI 애인, 섹스봇, 각종 성인물들은 이성을 얻고자 하는 사회적 경쟁에서 도태된 남성들의 성욕을 근절하지 않는 한 사라지지 않을 것입니다. 즉 이것을 제거하는 것도 불가능해 보입니다.

1020 남성의 구조적 도태에도 관심을

저는 페미니스트들의 인식론적 완고함(?)을 경험칙으로 알고 있습니다. 제가 존경하는 A 여선배님이 계십니다. 명문대 교수님이시고, 페미니스트입니다. 부군도 교수님입니다. 2024년 12월 14일 윤석열 탄핵소추안이 국회에서 가결된 이후, 저는 그분에게 메신저로 저의 충언을 말씀드린 적이 있습니다.

20대 대선에서 민주당이 패배한 건, 페미니즘 정책에서 소외됐다고 느낀 청년 남성들의 **"어둡고 강력한 불만"**을 대수롭지 않게 여긴 탓이라고 말씀드렸습니다. 이 문제에 대해 이야기할 기회가 있으면 좋겠다고 이야기했습니다. 청년 남성들이 자신들의 목소리가 존중받지 못한다고 느끼면, 비슷한 놈은 언제든지 또 올라와 우리를 괴롭힐 수 있습니다.

A 선배님은 저의 제언을 탐탁치 않게 여기시는 것 같았습니다.

본인의 따님도 20대 페미니스트이고, 그애도 인생의 앞길을 아직 찾지 못해 고민하고 있다고 했습니다. **이대녀도 똑같이 힘든데 왜 이대남의 목소리만 특별히 들어 줘야 하는건지 모르겠다**는 취지였습니다. A 선배님은 저의 이야기를 전혀 이해하지 못하고 계셨습니다.

저는 이대남의 목소리를 특별히 더 들어주어야 한다고 말한 것이 아닙니다. 이대남의 목소리는 진보좌파 진영에서는 외면당하고, 보수우파 진영에서는 선거 때만 이용당합니다. 그들의 부정적 에너지는 좋은 것을 창조하지는 못하더라도 파괴할 수는 있는 힘을 가졌습니다. 어떤 특정집단의 목소리를 듣고 말고의 이야기가 아닙니다.

디시나 일베, 윤석열 지지로 빠지는 1020의 상태는 A 선배님의 따님과 비교할 수 없을 정도로 열악합니다. 대한민국에 부모가 모두 대학교수인 외동딸이 얼마나 있을까요? 그 따님이 미래의 할 일을 찾지 못해 고민하는 것도 힘들 것입니다. 그러나 그 어려움이 사회적으로 도태된 이대남들의 실존적 위기와 비교될 수 있을까요?

저는 교수님이 말씀하신 "사회의 발본적 변화"에 동의합니다. 그러나 문재인 정부에서 그랬던 것처럼 여성단체에서 주도하는 인권교육, 성인지 감수성 교육만으로 그런 변화는 이루어지지 않습니다. **구조적으로 도태된 어린 남성들의 상황**에도 관심을 가져주십시오. 그들의 목소리도 들으셔야 합니다. 그 친구들의 마음이 대한민국의 미래입니다.

그 친구들은 단군이래 가장 민감하고 다루기 힘든 집단입니다. 구조적으로 도태남이 되어버린 그들의 영혼은 좌절된 남성적 지배본능으로 가득 차 있습니다. 자존심도 강합니다. 객관적으로 분명히 약자이지만 약자 정체성을 혐오합니다. 그들의 영혼을 읽고 대화해야 합니다. 교수님도 동의하시겠지만, **처벌은 하책, 교육은 중책, 감화는 상책**입니다.

교수님의 페미니즘 유토피아를 향한 노력을 응원합니다. **각자의 방식으로** 함께 할 수 있는 동지가 될 수 있다면 영광이겠습니다. 이 편지가 교수님의 영혼에 닿기를 기원합니다. 감사합니다.

2025년 4월 4일
윤석열 파면을 축하하며
배수찬 드림

마지막 이야기

대한민국 사회는 (1) 현란하게 성공한 극소수, (2) 그들을 부러워하는 대다수로 분열돼 있다. 인터넷과 스마트폰 인프라가 비교행위를 일상화한다. 우리는 비교의 노예다. 스마트폰을 끄고 주위를 둘러보면 현타가 온다. 반갑지 않은 현실에 짜증과 분노가 치민다. 다시 스마트폰을 켠다. 나보다 편하게 사는 약한 것들이 눈에 띈다. 혐오를 발사한다. 착한 척하다가 나쁜 짓 딱걸린 것들이 보인다. 조롱을 투하한다. 기분이 조금 좋아져서 낄낄거리다 잠이 든다. 하늘나라에서 잡스 형님이 미소짓는다.

허깨비와 싸우지 않으려면

내가 서울대 국문과에 들어간 것은 1992년, 노태우 정권 말기였다. 86세대가 주도하던 좌파 성향의 과격한 학생운동은 퇴조하고 있었다(내가 입학한 해에 서울대 정문에서 화염병 시위가 사라졌다). 노태우는 전두환의 절친이었고 12·12 군사반란과 5·18 학살에 책임이 있다. 그러나 그의 성품 자체는 온화했다. 김영삼에게 순순히 정권을 넘겨준 것만 봐도 알 수 있다. 좌파 운동권 선배들도 1991년의 공산권 붕괴로 혼란을 겪고 있었다.

운동권 선배들도 처음에는 관성에 따라 예전처럼 행동했다. 선배들은 민중가요를 가르쳤고, 길거리 데모로 이끌었다. **민족해방 자주파**(NL: 주한미군 철수, 남북통일), **민중민주 평등파**(PD: 노동해방, 농민해방)와 같은 운동권의 분파도 알게 되었다. 생소한 내용들이었지만, 운동권의 기본 주장은 틀린 것이 없었다. 외세에 의한 분단체제는 심각한 문제를 내포하고 있었고, 노동자와 농민의 권익 향상도 분명히 필요했다.

1993년 군인출신이 아닌 김영삼이 직선제 대통령으로 당선됐다. 학생운동의 숙원인 정치 민주화가 이루어진 듯했다. 운동권 선배들도 졸업을 했고, 제 갈 길을 찾아갔다. 1998년 IMF 구제금융 사태가 터지면서 자본주의적 경쟁의 지옥문이 열렸다. 선배들은 증권사 애널리스트, 손해사정인, 학원강사, 변호사, 공기업 직원, 대학교수가 되었다. 그들이 결혼해 낳은 자녀들이 오늘 날의 Z세대들이다.

부모님이 자녀들에게 어린 시절 이야기로 관심을 끄는 것은 어렵다. 과거를 재현해서 후손에게 들려주는 능력은 희귀한 재능이다. 86세대의 이야기를 Z세대에게 들려주는 건 특히 더 어렵다. 2010년대 이후 한국사회는 "오프라인 세계에서 살며 온라인 세계를 보조적으로 이용하는 세대"와 "온라인 세계에서 살며 오프라인 세계로 외출만 하는 세대"로 대분열을 겪었기 때문이다. **MC무현**을 아는지의 여부가 어느 쪽인지를 결정한다.

내가 대학에 입학한 지 벌써 30년이 넘었다. 그동안 세상은 얼마나 달라졌을까? 이 세상은 운동권 선배들이 부르짖던 **민족해 방**과 **민중민주**의 이상과 얼마나 가까워졌을까? 한번 제대로 따져보자.

민족해방(NL): 지난 30년간 한국정부는 진보와 보수를 막론하고 남북정상회담을 추진했다. 2000년, 2007년, 2018년에 남북정상회담이 열렸다. 분단체제 해결의 당사자인 북미정상도 3차례나 만났다. 그러나 아직 통일은커녕 평화체제 수립도 어림없어 보인다. 북한은 핵개발을 했고 완고하게 핵보유를 고집한다. 연평해전, 천안함 사건, 연평도 포격사건을 거치면서 MZ세대들의 피부에 와닿는 가까운 청년 군인들이 다수 희생됐다. MZ들은 북한을 **가난하고 악랄한 깡패** 정도로 생각하게 됐다. 남북화해는 이제 말도 꺼내기 어렵다.

민중민주(PD): 노동자의 권익은 많이 향상됐다. 대기업 생산직은 돈을 많이 벌어 귀족노조 소리까지 듣는다. 비정규직 노동자, 외노자들이 증가하면서 **노동자들 내부의 분화**도 심각해졌다. 노동자는 더이상 하나의 계급적 범주가 아니게 되었다. 농민도 사정은 비슷하다. 농업부문이 다변화되고 영농은 기업화되었다. 서울 도심에도 스마트팜이 운영된다. 전통적 개념의 가난한 농민들은 다수가 자연사했다. 농촌은 소멸의 위기에 처해 있다. MZ 청년 다수는 강도가 센 농업노동보다 자발적 백수를 선택한다.

초라한 성적표다. 80년대 대학생들은 무엇을 위해 그토록 좌파 성향의 학생운동에 열성적이었을까? 오글거릴 수 있겠지만, 그들을 움직인 힘은 **양심**(약자에 대한 연민)이었다. 선배들은 노동열사 전태일, 5·18 희생자들, 주한미군 병사에게 살해된 한국인 업소 여성의 이야기를 들려주었다. 그들에게는 **진혼곡**(레퀴엠)이 필요하다고 했다. 누군가 함께 눈물을 흘리고, 함께 싸우고, 한맺힌 영혼을 위로하고, 살아남은 친지들을 보살펴야 했다.

그러나 미국 주도의 분단체제 하에서 민족해방은 애당초 불가능했다. 대학 선배들 중 진보좌파 운동가로 평생을 살아간 사람은 아무도 없다. 대부분 대학을 졸업하고 평범한 소시민이 되었다. 자기 앞가림하며 살기에도 바빴다. 가끔씩 **과거의 뜨거웠던 시절**을 추억할 뿐이었다. 그들은 노동자도 농민도 아니었고, 그냥 대학생일 뿐이었다. 그들의 약자에 대한 연민은 별로 무게가 나가지 않았다.

1980년대 한국사회는 단순해 보였다. "타도해야 할 악의 세력"과 "지켜야 할 선량한 이웃"이 뚜렷하게 보였다. 싸울 대상은 분명했는데 싸울 세력이 약했다. 모두가 숨죽이고 있을 때 용감하게 나선 것이 학생들이었다. 학생은 **가장 영혼이 순수하고, 잃을 것이 적어 용감한 사람들**이다. 86세대를 "평생 제 손으로 돈 한푼 벌어본 일없는 인간들"이라고 조롱하는 이들이 있는데(물론 팩트 왜곡임), 안도현의 시 〈너에게 묻는다〉를 들려주고 싶다.

> **연탄재 함부로 발로 차지 마라**
> **너는**
> **누구에게 한 번이라도 뜨거운 사람이었느냐**

86세대에게는 군부독재라는 구조적 제약을 극복했다는 자부심이 있나. 그들은 약자 편에 설 필요가 없었는데도 그렇게 했다. 양심(혹은 공명심?)의 목소리를 따라 약자(노동자, 농민)와 연대했고, 부당한 강자(군사정권)에 맞섰다. 물론 그들은 민주화 이후 차차 중간층 내지 기득권층으로 변모해 갔다. 2025년 현재 한국사회의 각종 문제들은 더이상 양심의 소리만으로 해결되지 않는다. 세계는 훨씬 더 복잡해졌다.

지난 30년간 진보좌파 성향의 정권이 세 번 들어섰다(1998년, 2003년, 2017년). 그때마다 약자보호 담론(사회복지 확대, 최저시급 인상, 페미니즘), 기득권 타파 담론(재벌개혁, 권위주의 청산, 검찰개혁)이 반복

되었다. 그러나 점점 복잡해지는 사회에서, 단일하고 고정된 약자를 규정하는 것은 불가능하다. 예컨대 여성 전체를 약자로 규정한 페미니즘은 실패할 수밖에 없었다. 정치권에 진출한 86세대들에게 진짜 필요한 조언은 이런 것이었다:

> **공산주의는 산업시대의 골칫거리인 부의 불평등 문제를 잘 해결할 수 있었을지 모른다.** 그들 생각대로 **억압받는 자들은 모두 착한 사람이고, 악은 모두 부르주아 지배자에게만 있었다면 말이다.** 하지만 유감스럽게도 피지배 계급의 상당수는 무능력하고 비양심적이고 우둔하고 방탕하고 권력을 좇고 폭력적이고 화를 잘 내고 질투가 심했던 반면, 지배계급의 상당수는 교양있고 유능하고 창조적이고 지적이며 정직하고 친절했다. (조던 피터슨, 〈질서 너머〉, 웅진지식하우스, 2021, 199면)

86세대는 정의와 불의, 약자와 강자의 구별이 뚜렷한 시대를 살았다. 복잡계에 던져진 그들은 자기의 실수를 직시하고 인정하는 일에 어려움을 겪었다. 양심의 명령에 따라 스스로 약자의 편에 섰다고 자부심으로 살아 왔던 집단이었기 때문이다. **86세대는 자기들의 정치적 결단이 정의에 부합하지 않을 가능성을 상상조차 해보지 않았던 것 같다.**

물론 이것이 86세대 정치인의 독선에 대한 변명이 될 수는 없다. 정치인의 상상력 부족은 무능의 죄를 낳을 수 있다. MZ 청년은 86세대와 다른 세계 사람들이다. 그들이 서식하는 온라인 세계를 말하는 게 아니다. 그들에게는 전태일의 분신자살, 5·18 학살, 미군 성폭력 강력범죄의 기억이 없다. 그들은 페미니즘을 꼰대의 양심을 만족시키기 위한 위선이라고 생각한다.

대한민국의 청년 남성들이여! **그대들이 문재인도, 86세대도, 4050 남페미 스윗남들도 믿지 않는다는 걸 잘 안다.** 우리는 그대들의 영혼에 생긴 짙은 그늘을 간과했었다. 미안하다. 사과한다. 너무 늦어서 부끄럽다. 우리는 탐욕스러웠고, 위선적이었다. 세상을 안일하게 누리고자 분칠과 거짓에 익숙했다. 낡은 정의의 잣대를 고집하다 위선에 빠진 줄도 몰랐다. 그대들이 절규하지 않았다면 영원히 몰랐을지도 모른다.

세상은 점점 복잡계로 변해가고 있다. 그대들이 더 잘 알겠지만, 강자와 약자, 압제자와 피압제자, 선과 악의 기준선은 점점 불분명해지고 있다. 86세대들에게 과오가 많지만, 그들이 과오의 결정체이거나 절대악인 것은 아니다. 그대들이 86세대를 혐오하는 마음은 이해한다. 그러나 그 정서를 영원불변의 것으로 고수한다면, 그대들은 지난 30년간 86세대들이 저지른 것과 똑같은 과오를 범하게 된다. **해상도 낮은 개념으로 세상을 재단하는 과오** 말이다.

그대들이 매체에서 접하는 86세대의 모습은 86세대의 전모가 아니다. 86세대 좌파들은 이기주의와 탐욕의 자연법칙에 몸을 맡기지 않고, 사회적 약자와 동행하려는 결심으로 양심의 횃불을 지폈던 사람들이다. 물론 횃불로 장사를 해먹은 사람도 있고, 부주의하고 게을러 불을 꺼뜨린 사람도 있다. 지키지도 못할 결심을 자랑하기도 했다.

그대들은 억울했다. 억울한 마음을 온라인의 하수구에서 혐오의 언어로 배출했다. **그대들이 온라인에서 쌓아올린 조롱의 언어들은 바벨탑이 되어 하늘나라에 닿았다.** 한국사회에서 세대간 소통은 거의 불가능해졌다. 그러나 그대들도 언젠가는 나이가 들고 꼰대가 된다. 가족을 부양해야 하고, 가족이 없다면 외로운 자기 한 몸이라도 건사하며 살아야 한다. 영원히 조롱의 언어만으로 세상과 적대할 수는 없다.

젠더 갈등은 유독 온라인에서만 뜨겁게 타오른다. 지금 이 순간에도 온라인 커뮤에서는 여성혐오 이론가들이 남혐 페미들과 전투를 치르고 있을 것이다. 온라인 세계에 영혼을 위탁한 사람들은 못 느끼겠지만, 이 모든 온라인 전투는 사실 허깨비와의 싸움이다. 온라인 세상의 화려한 외관은 그것이 허깨비임을 잊게 만든다.

우리 세대를 대신해서 그대들의 멘토가 되어주는 **흑자헬스**의 이야기를 인용하면서 이 책을 마친다:

제 동네에 편의점이 하나 있어요. 근데 편의점이 이사를 가. 다른 골목으로. 가까워. 그걸 하는데, 아마도 알바로 보이는 한 남자 네명 여자 네명 정도가, 나이는 20살 전후? 고딩일 수도 있을 것 같고, 20대 극초반인 애들이 거기서 이제 편의점 물건을 편의점으로 나르고 있어. 그러다가 쉬는 시간이 있어서 쉬는데, 남자 네명이 전원 의자에 앉아 있고, 여자 네명 중에 세명이 박스를 바닥에 깔고 땅에 앉아 있고, 한명은 그냥 서 있어. 자, 우리가 인터넷에서 보던 요즘 20살 전후 남녀가 이런 꼴을 당하면, 여자들이 한남한남 거리면서 "왜 여자 차별 받냐? 왜 의자에 남자만 앉냐?" 이러면서 싸울거 같죠? 근데 실제로 그 애들이 싸웠냐? 존나 화기애애하게 이야기하고 있고, 지나가다가 나도 모르게 좀 듣게 됐는데, "뭐 되게 힘들었다" "어디 좀 무거웠다" 이런 얘기를 서로 나누고 있어. 왜? 서로 고생하니까. 서로 고생을 하면서, 어차피 다들 시급 똑같이 받는데 남자들이 더 무거운 거 들게 뻔하잖아. 그러면 여자들도 당연히 쉬는 시간에 "아, 너네가 의자에 앉아" 이렇게 배려를 해 주면, 남자들도 이따가 일할 때 더 무거운 걸 들게 돼도 "어 괜찮아. 내가 무거운 거 들게" 요게 되는 거예요. 좋은 순환이. 근데 방구석에서 남자 여자 서로 안 만나고 커뮤니티만 처하고 있으면 그냥 적대시되는 거지. 이 한남들 한녀들 이러면서. 막상 섞여갖고 잘 지내면 잘 지낼 사람들인데. (《저출산은 MZ 탓이 아니다〉, 흑자헬스 유튜브 2024.4.22.)

그대들의 영혼에 사랑, 평화, 따뜻한 마음이 가득하기를 빈다.

2030, 영혼의 연대기 _ 왜 그들은 윤석열을 선택했나

2025년 5월 8일 초판 발행
2025년 5월 8일 1판 1쇄

지은이 _ 배수찬
펴낸이 _ 남호섭
편집 _ 김인혜 · 임진권 · 신수기
제작 _ 오성룡
표지디자인 _ 박현택
인쇄판 출력 _ 토탈프로세스
라미네이팅 _ 금성L&S
인쇄 _ 봉덕인쇄
제책 _ 강원제책

펴낸곳 · 통나무

서울특별시 종로구 동숭동 199-27
전화: 02) 744-7992
출판등록 1989. 11. 3. 제1-970호

© Suchan Bae, 2025   값 17,000원
ISBN 978-89-8264-164-0   (03340)